Wolfgang Johannes Bekh
Das Dritte Weltgeschehen

Wolfgang Johannes Bekh

Das Dritte Weltgeschehen

Bayerische Hellseher schauen in die Zukunft

Eine Zusammenstellung

Grundlegend überarbeitete und um wesentliche Kapitel erweiterte Neuausgabe

Ludwig Verlag

6., durchgesehene Auflage 1999

Umschlaggestaltung: Manuela Hutschenreiter
Redaktion: Hans Dollinger
Produktion: Manfred Metzger

Druck: Ebner Ulm

ISBN 3-7787-3735-X

Inhalt

Einleitung

I.
Wir sind mitten in der Erfüllung der Gesichte

Schwermütig hebe ich dieses Buch zu schreiben an. Schwermütig, weil ich keine Hoffnung mehr habe, daß die Schicksalslenker von heute uns vor dem, was auf uns zukommt, bewahren können. Ich habe nicht einmal eine Hoffnung mehr, daß diejenigen, die heute „am Ruder" sind, es nach dem Tage X noch sein werden. Die scheinbar so Mächtigen von heute sind ja keine Lenker, sondern Gelenkte, und sie können uns weder vor den Schrecken des Kapitalismus, noch vor denen des Sozialismus bewahren, den beiden schwarzen Engeln der Todesbotin Maschine, sie können uns vor nichts bewahren, auf welcher Seite sie immer stehen, auch wenn sie noch so starke Worte machen. Sie stehen ja nicht, sie schwimmen – und zwar mit dem Strom, der – zugegeben – reißend ist. Sie können die Natur vor der Betonierung nicht retten, sie können die Verbrennung der Erde nicht aufhalten, sie können den Terrorismus nicht in seine Schranken weisen, sie können keine als Reformen getarnten Zerstörungen rückgängig machen, sie können keine Grenzen und keine Machtverhältnisse ändern, sie können die römische Kirche nicht wieder einigen, sie können die Menschen nicht besser machen. Sie können das Gericht nicht aufhalten.

Mit anderen Worten: Die Mächtigen dieser Welt sind Marionetten, sind Befehlsempfänger, sind Werkzeuge, sind outils du Mal; sie bewegen nicht, sie *werden* bewegt.

Dieses Buch ist eine Fortsetzung des Bandes „Bayerische Hellseher". Seine Aussage ist viel dringlicher. Auf die klassischen Hellseher vom Mühlhiasl bis zum Irlmaier wird nicht noch einmal oder kaum noch eingegangen.

Hingegen sind Voraussagen anderer, teils unbekannter, teils neuerer Seher mitgeteilt. Ihre Prophezeiungen, die das Schicksal des ganzen deutschen Sprach- und Kulturraums betreffen, sind verblüffend und genau bis in Einzelheiten. Nur partielle Blindheit kann uns darüber hinwegtäuschen, daß wir schon mitten in der Erfüllung dieser Gesichte sind. Mit anderen Worten, daß der Dritte Weltkrieg (das „dritte Weltgeschehen", wie die meisten Seher sagen) längst begonnen hat, freilich nicht mit Kanonen und Maschinengewehren, sondern mit anderen, nicht minder zerstörerischen Waffen.

Die Stärksten (die „Macher") sind in Wahrheit ja die Schwächsten! Wer heute aufwendig lebt, ist in Wirklichkeit nicht lebensfähig, ist schon hinabgetaucht in den tiefen Schatten immer dichter zusammengeballter Wetterwolken, lügt sich vor, daß die Sonne scheine. Wer aber die Augen offenhält, wird übermannt von Schwermut. Denn das Füllhorn des Fortschritts hat sich in eine Pandorabüchse verwandelt. Und ein (scheinbares) Paradoxon unserer Tage heißt: Um den Abgrund zu sehen, den wir nicht mehr vor uns haben, in den wir bereits hinabstürzen mit atemberaubender Geschwindigkeit, bedarf es keiner „Seher" mehr, nur noch zweier gesunder Augen. Was aber sehen diese gesunden Augen?

II.
Wermutstropfen

Die Ursache der Weltzerstörung durch den Menschen begreift man, wenn man dem Gang der Geschichte folgt: Der Zusammenbruch des mittelalterlichen Glaubens an die göttliche Ordnung führte zu einem moralischen Vakuum, in dem alles auf einmal sinnlos war. Der Mensch war auf einmal ein Nichts. Daraus entsprang Verzweiflung. Dieser Zusammenbruch wurde durch den Aufstieg des Rationalismus (Galilei) gebannt. Die Vernunft war jetzt nicht nur notwendig, sie genügte auch als Rechtfertigung. Die begeisternde Aufgabe des Menschen bestand nun in dem Versuch, den Kosmos zu verstehen. Seine persönliche Würde ergab sich aus seinen glänzenden Erfolgen in dieser Richtung. So nahmen der Rationalismus im allgemeinen und die Naturwissenschaft im besonderen den bisherigen Platz der Religion ein oder, wenn man die Religion als einen Mythos bezeichnen möchte, der dem Leben des Menschen einen Sinn gibt, so war die Naturwissenschaft Religion. Später kam zu dieser Vorstellung noch der Gedanke, daß der Rationalismus das irdische Los des Menschen bessern würde. Der Glaube der Kommunisten an die unbeschränkte Macht des Menschen, sich seine Umwelt zu formen, stellt eine weiterreichende Neufassung des Optimismus der Weltverbesserer des 19. Jahrhunderts dar.

⋆

Was wollen sie denn schließlich, die vom Karfreitag bis zum Ostermontag in sechzig Kilometer langen Schlangen hunderttausend gestauter Kraftfahrzeuge der Heimatstadt bis hinunter ins Tirol, ja nach Italien entfliehen, als *sich selbst* entfliehen, Gott entfliehen, der in der Stille zu ihnen sprechen könnte? Und niemand findet etwas dabei, wenn Millionen Christen den Weg ins Gotteshaus zu ihrem auferstandenen Heiland nicht mehr gehen.

⋆

Die gemeinsame Wurzel des Nationalsozialismus und des Internationalsozialismus ist Marx und ist der moderne Positivismus, mit einem Wort: Die Leugnung der Existenz Gottes. Es ist die Wurzel jeder Ideologie, die auf das ausschließliche Wohl des Menschen im Diesseits, nicht auf das Heil seiner Seele gerichtet ist. Gottlosigkeit ist die Wurzel jeder Art Sozialismus, natürlich auch die Wurzel des Transporteurs des Sozialismus, des Kapitalismus.

Wo alles verfügbar ist, da ist alles zerstörbar. Die Wegwerfdinge sind nur Sinnbilder für die Wegwerfwerte.

Weil vom Wegwerfen die Rede ist: Jesus Christus hätte nie geboren werden dürfen! In einem Stall! Unter diesen erbärmlichen Umständen! Die „soziale Indikation" hätte für seine Abtreibung gesprochen! Höllischer Spaß beiseite, ihr gewesenen Fortschrittler: Kinderfeindlich ist nicht euere Welt, sind aber solche Zeitgenossen, die uns in den Ohren liegen: „Mein Bauch gehört mir!"

*

Mord bleibt Mord. „Die Gesetze, die den Kindern den Tod bringen, werden ungültig nach der Abräumung". Das hat Alois Irlmaier 1947 vorhergesagt. Wenn es auch im Jahre 1980 kaum glaublich ist: Der Mutterschoß wird wieder ein Inbegriff des Schutzes sein.

*

Wie nach jedem Karfreitag ein Ostern kommt, so wächst nach unseren fragwürdigen Zeiten des Neu-Aufklärichts und Sittenverfalls wieder der Glaube. Wohl werden Menschen verplant und in Apparaten zu Nummern herabgewürdigt. Ihre Seelen aber überdauern. Man denke an das Beispiel des Propheten Jonas, der durch seine Bußpredigt von der in Sünde und Überfluß versinkenden Stadt Ninive den angekündigten Untergang abwendete: Der Glaube wird künftige Katastrophen entweder verhindern oder über sie hinwegtragen.

*

„Die neue Linke versteht sich, seit mehr als zehn Jahren, ideologisch zugleich als eine neue Aufklärungsbewegung. In der Tat hat sie ein zentrales intellektuelles Orientierungsmuster des europäischen Aufklärungszeitalters kräftig erneuert, die Vorstellung nämlich, daß es gälte, aufklärungsbereit dem Fortschritt in Überwindung beharrender Traditionen endlich Bahn zu schaffen. Es handele sich, so hören wir, in Kultur und Politik darum, verkrustete Strukturen endlich aufzusprengen, traditionelle Verhärtung überlebter Verhältnisse progressiv aufzulösen und zur emanzipatorischen Befreiung des Bewußtseins aus den Fesseln der Unmündigkeit Aufklärungsprozesse in Gang zu setzen.

Diese Redeweisen sind uns inzwischen vertraut. Zunächst in der akademischen Esoterik philosophischer, soziologischer und schließlich auch theologischer Seminare entwickelt, sind sie inzwischen längst exoterisch-öffentlich geworden. Sie bilden oder bildeten den Elementar-Konsens in der Dauerdiskussion unserer Reflexions- und Räsonier-Institutionen. Aber auch diesen relativ geschlossenen Kreis der an die Adresse von Intellektuellen gerichteten Intellektuellen-Produktion haben die zitierten Redeweisen längst überschritten. Sie bilden oder bildeten doch den Grundton in den Dauerdebatten der Parteiprogrammkommissionen; sie wurden sogar auf Kirchentagen richtungweisend, und sie fungierten als die Kriterien, an denen Legitimität oder Illegitimität politischer Gewalt ideologisch gemessen wird.

Indessen: dieser Versuch, unsere gegenwärtige Lage nach dem Muster überfälliger Emanzipation des Fortschritts gegen den interessenbedingten Widerstand traditionsverhafteter, aufklärungsbereiter Konservativer zu deuten, ist selber ein Traditionalismus und zwar ein überwindungsbedürftiger Traditionalismus, weil er die Lage verzeichnet, in der wir uns heute tatsächlich befinden. Wer als Aufklärungstraditionalist annimmt, die Probleme, die uns heute belasten, seien Probleme einer Fortschrittshemmung, verkennt in folgenreicher Weise die Struktur unserer gegenwärtigen Situation. Ich möchte zeigen, daß wir es in unserer Gegenwart nicht, wie es für ihre Gegenwart die Aufklärung unterstellte, mit Problemen fälliger Freikämpfung des Fortschritts gegen Kräfte der Beharrung zu tun haben, vielmehr in erster Linie mit Problemen der Bewältigung von Nebenfolgen eines Fortschritts, der längst im Gang ist. Wir müssen unsere gegenwärtigen Probleme, anders als die Aufklärung im 18. Jahrhundert, primär als Probleme des stattfindenden Fortschritts und nicht als Probleme des aufgehaltenen Fortschritts deuten."

Hermann Lübbe

★

Daß Katzen, Igel und Hasen zu hunderttausenden achtlos auf den Straßen zermalmt werden, wird sich bitter rächen. Rache finden wird jedes zerstörte Leben, dessen Zerstörung nicht der Erhaltung unseres Lebens dient, sondern sinnlos ist!

★

Rauch, Sauerstoffentzug, Staub, Qualm! Der Kohlendioxydgehalt der Weltluft stieg um 15 Prozent an – binnen zehn Jahren!

★

Nicht nur die Fische schweigen! Die Natur insgesamt erduldet schweigend ein Werk der Zerstörung! Wer die Fische zerstört, die Käfer zerstört, die Vögel zerstört, der zerstört den Menschen!

★

Übrigens gibt es Gifte, die keine unschädliche Mindestdosis erkennen lassen (man glaubte an die Unschädlichkeit kleinster Giftmengen bis vor wenigen Jahren). Man spricht von Summationsgiften: Jedesmal wenn Gift in den Organismus eindringt, wird der einmal begonnene Schaden weitergeführt.

Die gefährlichsten Gifte sind die Detergenzien und die chlorierten Kohlenwasserstoffe. Seit wenigen Jahrzehnten kommen alle nur denkbaren Gifte gleichzeitig vor. Bei den sogenannten biologischen Koordinationseffekten kann man von einer systematischen Vergiftung der ganzen Welt sprechen. Die Dichter, die von Hexen und Zauberern redeten, hatten *doch* recht. Welcher der naturwissenschaftlichen Zauberlehrlinge aber hält über den Rand seines Spezialgebiets Umschau in die Welt hinaus, um zu sehen, was seine Taten anrichten??

⋆

Die Weltverheerung ist seit 1970 in ein akutes Stadium getreten, führt zu einer nicht mehr tragbaren Verunreinigung der Luft und sämtlicher Gewässer; auch die Vergiftung durch die explosionsartig anschwellende Motorisierung ist hier zu nennen.

Welche Zerstörungen verursachen allein die Bleiablagerungen in den Pflanzen, die sich dem kleinsten Lebewesen bis zu den Pinguinen in der Arktis mitteilen! Eine Kleinstadt von 15 000 Einwohnern bringt in einem einzigen Jahr 20 000 Kilogramm abgeriebenen Asphaltstaub auf, als Folge der Benutzung von Autoreifen und der Umstellung vom Granitpflaster auf die Teerstraßendecke!

⋆

Die Frage wird immer dringlicher, wozu überhaupt geflogen werden muß. Genügen eigentlich nicht vier Pferdebeine und zwei Menschenfüße? Gelobt sei die stabilitas loci. Wenn einer in vierundzwanzig Stunden zweimal um den Erdball fliegt und ein anderer in denselben vierundzwanzig Stunden einen Blütenkranz in Stramin stickt, weiß ich, wer besser gelebt und wer mehr hinterlassen hat. Was das Beweismittel der Arbeitsplätze betrifft: Hat er, der einen Blütenkranz stickt, nicht einen Arbeitsplatz?

„Wir träumen von Reisen durch das Weltall: ist denn das Weltall nicht in uns? Die Tiefen unseres Geistes kennen wir nicht. – Nach innen geht der geheimnisvolle Weg. In uns, oder nirgends, ist die Ewigkeit mit ihren Welten, die Vergangenheit und Zukunft."

Novalis

*

Hundertvierzig Jahre lang für jeden Tag eine Wasserstoffbombe von der Explosivkraft aller im Zweiten Weltkrieg gezündeten Explosivgeschosse zusammen, das haben die gescheiten, fortschrittlichen „Macher" fertiggebracht, die alles „im Griff" haben. Fürwahr, sie haben die Welt im Griff.

*

New Yorks Drogensüchtige stehlen täglich Waren im Wert von 40 Millionen Mark.

*

Sind wir einst verloren gewesen, wenn große Not kam, so haben unsere Politiker es zuwege gebracht, daß wir verloren sind, wenn *nicht* große Not kommt.

*

„Einsichtige gibt es genug – in der Wissenschaft, in der Politik, in der Kunst, ja: sogar in der Industrie. Aber aus Feigheit, aus Bequemlichkeit, aus kleinlichen Rücksichten schweigen sie oder belügen sich selbst, indem sie sich bei dem Gedanken beruhigen, vielleicht renke sich alles wieder von selbst ein. Aber hier wird sich nichts einrenken, sondern hier bereitet sich die Menschheit ihren Untergang, wenn sie nicht handelt – und das heißt: wenn sie nicht rigoros bereit ist, auch den härtesten Wahrheiten ins Gesicht zu sehen, und den Mut aufbringt, auf die Scheinbequemlichkeit einer sinnlos kapitalistischen Zivilisation zu verzichten. Dieser Verzicht jedenfalls würde mehr freiheitliche Gesinnung und soziales Bewußtsein verraten als die Chimäre von der schrankenlosen Verwirklichung des Individuums, die so gespenstisch durch die Hirne manchen pubertären Parteijungvolks bundesdeutscher Provenienz geistert. Die Weltstunde der Menschheit zeigt bereits dreißig Minuten nach zwölf. Angesichts dieser fatalen Erkenntnis sollten wir endlich dazu übergehen, unseren Denkapparat, anstatt ihn durch ideologische Phantastereien zu strapazieren, zu dem einzigen Geschäft zu benutzen, das jetzt allein diskutabel erscheint, nämlich: uns zu retten!"

Heinz Friedrich, 1972

⋆

„Laß dich nicht beunruhigen von ihren Erfindungen noch von ihrem technischen Fortschritt.

Den Führer, den du heute siehst, wirst du bald nicht mehr sehen, du wirst ihn suchen in einem Palast – und nicht finden."

Ernesto Cardenal

⋆

Wenn man weiß, daß bei uns kaum Kinder mehr geboren werden und daß die letzten, die noch geboren wurden, spätestens im Alter von siebzehn oder achtzehn Jahren, weil sie sich dank einer am „Wachstum" orientierten Wirtschaft von 50 oder 100 Pferden (!) ziehen lassen können, dem Tode verfallen, dann mag man das „Wachstum" verfluchen, mag wünschen, daß alles ein wenig schneller (als ohnehin) zu Ende geht.

⋆

Und allmählich dämmert uns, daß der Weg, den wir gingen, falsch war, daß die Zukunft (paradox gesagt) Vergangenheit heißt. Daß die Zukunft nicht Industrie, Fabriken, Arbeiter, Angestellte, Verwaltung, Kaufhäuser, Banken und Zinsen heißt, sondern Bauern, Handwerker und Priester. Dämmert uns, daß Rationalismus und Naturwissenschaft am Ende sind. Daß die Ersatzreligionen ausgedient haben.

*

„Was vermag nun ein Satirenschreiber vor einem Getriebe, dem ohnedies schon in jeder Stunde ein Hohngelächter der Hölle antwortet? Er vermag es zu hören, dieweil die anderen taub sind. Aber wenn er nicht gehört wird? Und wenn ihm selbst bange wird? Er versinkt im Heute und hat von einem Morgen nichts zu erwarten, weil es kein Morgen mehr gibt, und am wenigsten eins für die Werke des Geistes. Wer heute noch eine Welt hat, mit dem muß sie untergehen."

Karl Kraus

III.
Aufsichtsratsvorsitzender des Teufels

Vielleicht werden wir in Zukunft Zeuge eines Aufstandes der Dritten Welt gegen die Vereinigten Staaten und die Sowjetunion, deren offizielle Abkürzung verräterischerweise spiegelbildlich gleich ist: US und SU. Ob diese sich vereinen, um sich die Rohstoffe gemeinsam zu sichern, oder ob sie, was wahrscheinlicher ist, um diese zu ringen beginnen – materiell ist ein Anfang vom Ende gemacht. Ob ein nötiger spiritueller neuer Anfang nachfolgt, weiß man noch nicht. Das hinge von einer Metanoia ab, die man schwer vom Westen oder von Moskau erwarten kann.

Unsere Mächtigen können, wie gesagt, nichts bewegen. Was geschieht, geschieht nicht durch sie, sondern mit ihnen und gegen sie. Ein Sieg wie der Sieg Kurfürst Maximilians I. über den Winterkönig am Weißen Berg ist wahrscheinlich keinem Politiker mehr vergönnt; der satanischen Hydra sind inzwischen tausend und hunderttausend neue Köpfe gewachsen – durch unsere Schuld, durch unsere Schuld, durch unsere große Schuld –! Kurfürstin Maria Anna würde vergeblich in Erding auf ihren Gemahl warten, zöge er heute noch aus, den Bösen mit einem Schwertstreich zu erlegen. Es gelänge ihm nicht mehr; er ist in die Sünde verstrickt; er ist ein Aufsichtsratsvorsitzender des Teufels ... Ganz andere „Winterkönige" haben heute die Welt im Griff! Abhängige sind alle Mächtigen. Und eine Hoffnung steckt in den schlimmsten Gesichten.

Im Holzland
Mariä Heimsuchung 1980
Der Verfasser

ALBRECHT DÜRER ZEICHNET EINEN ATOMPILZ

Wenig ist über Albrecht Dürers Gabe des Zweiten Gesichts bekannt. Von seiner wohl schrecklichsten Vision berichtet Winfried Ellerhorst in dem Buch: Prophezeiungen über das Schicksal Europas. Als Zitat sei Dürers Erlebnis hier mitgeteilt: „In der Nacht vom Pfingstdienstag zum Mittwoch des Jahres 1525 hatte Albrecht Dürer ein sonderbares Traumgesicht. Er erblickte ein Phänomen, das sich über der sanften Linie einer flachen, ziemlich öden Landschaft ausbreitete, eine ungeheure pilzförmige schwarze Wolke, die blitzartig aufschoß und in kürzester Zeit den ganzen Horizont einnahm. Hätte er nicht sofort unter dem tiefen Eindruck dieses beklemmenden Ereignisses zu Papier, Feder und Tusche gegriffen, wäre dieses Erlebnis nicht in so einprägsamer Weise der Nachwelt überliefert worden. Bei der Betrachtung seiner Zeichnung empfinden wir heute unwillkürlich, daß der große Künstler damals visionär die Wirkung einer Atomexplosion zu erleben berufen war." (Ellerhorst irrt in der Angabe des Tages; Dürer schreibt nämlich: „In der Nacht zwischen Mittwoch und Pfinztag", das ist Donnerstag. Dürers wörtliche Erklärung ist neben der Wiedergabe seiner lavierten Tuschzeichnung abgedruckt.)

Die Münchner *Neue Zeitung* veröffentlichte in ihrer Ausgabe vom 19. August 1946 – wohl unter dem Eindruck der ersten Explosion einer Atombombe in Hiroshima – diese Dürer-Skizze und stellte ihr Bildberichte aus Hiroshima an die Seite, um zu zeigen, daß Vision und Wirklichkeit sich in verblüffender Weise deckten. Der Versuch gelang.

Simon Speer, der Seher von Benediktbeuern

Simon Speer war Benediktinermönch in Benediktbeuern. Er schrieb seine Gesichte im Jahre 1599 nieder. Er wählte die lateinische Sprache und ein lateinisches Versmaß. Es ist sicher, daß seine Prophezeiungen weit in die Zukunft hineinreichen. Nach Krieg und Leid, Verweltlichung und Haß schaut er für Bayern wieder einen König (und einen Hirten für die Herde der Gläubigen): Et pastor gregem recipit, Bojoaria regem. Der Seher wurde 1632 von den Schweden ermordet. In der Übersetzung lauten seine Worte:

Kummer im Herzen sing' ich, Buron! dir heute deine Zukunft,
Wie zu schauen der Herr mir gegönnt, der Alles erschaffen.
Heute strahlt dir noch weit glänzende Pracht, vergleichbar der Sonne,
Feierst den Dienst des Herrn mit Andacht und frommen Gebeten;
Doch eine Zeit kommt, die dich nicht mehr siehet wie jetzo,
Kaum mehr dich sieht, ja sagt' ich es recht, dich nimmer mehr sieht.
Einst werdet ihr auch Zeugen des vergossenen Blut's sein.
Mit dem Geschlecht, das bis jetzt regierte, und immer dich liebte,
Wirst du aber vergeh'n, und nicht mehr sein die liebliche Mutter.
Zaudern zu nah'n wird länger nicht jene schreckliche Stunde,
Wo er stirbt der Stamm der Ottonen, der Ruhm dieser Lande,
Stirbt nach dem ewigen Wort, keinen Sohn der Vater mehr zeuget.
So beginnt zuerst dein Fall, bis das Schrecklichste nahet.
Gequält wird dann das fromme Volk von den herzlosesten Menschen,
Denn du, Haus der Ottonen, wirst zur Höhle der Löwen;

Nie mehr schaut dieses Land seine wahren Herrscher und Herrn,
Wem den Stab zur Leitung sie reichen, verwirrt und zerstöret.
Ein armer Fürst wird vielfach quälen die Bürger,
Ueberall berauben schonungslos die Priester und Kirche;
Wiederholt wird, was zu den Zeiten des Heilands geschehen,
Und verkauft gegen Sitt' und Gesetz die Körper von Vielen.
Bis jene gestürzt sind, die im Besitz großer Ämter
Keinen ruhig ließen und den Herrschern selbst die Zügel raubten.
So folgt nach endlichem Tode ein keineswegs mutiger Herzog,
Der zwar Schlauheit, doch auch die größte Eitelkeit besitzt,
Der nach den Brücken strebt, doch kaum die Berge erreichet,
Und die Kirche zerstört, indem er die geistlichen Güter raubet.
Flieh, mein Volk, flieh! ach kein Schützer lebt dir und Schirmer,
Bis die Stunde erst naht, wo Zerstörtes sich wieder erbauet.
Denn ein Weib bringt dem Vaterlande die traurige Pest
Von der Seuche der neuen Schlange berührt und vergiftet.
Zwar steht der gute Mann nicht im Ruf eines Frommen,
Doch gilt er wegen seiner Milde als der gutmütigste Herrscher,
So ergibt sich, was als dunkles Geschick er gefürchtet,
Und neue Gestalten gewinnen die Dinge, da Gott will.
Viel des Unheils bringt ein Edikt, aber mehr ein Schlag noch.
Was jedoch durch strenges Gebot schlimmer nur macht,
Kann durch's Geschick, glaubt es, leichtlich zum Bessern sich wenden.

Da zu viel er vertraut, wird die Herde von Wölfen verzehret.
Unter dem prunksüchtigen Fürsten verengen sich die Grenzen des Landes,
Da nur die Stärke des Herrschers dem Volke Sicherheit gewährt;
Denn auch das beste Herz bringt kein Heil, sobald es dem Schlaf sich hingibt.
Betet ihr Brüder, laßt ihr Mütter fließen die Tränen!
Lügen wird sein Name von einer Regierung des Friedens.
Nimmer Gutes gedeiht; zieht fort, ihr alten Bewohner!
Seinem Geist mangelt Stärke, seinem Volke der Glaube.
Wo er Hilfe sucht, er heftige Feinde nur findet.
Wasser bringt ihm den Tod, nachdem er große Verwirrung entzündet.
Aber wer zähmt wieder des Krieges losgebundene Furie?
Der ihm jetzt folgt, ahmt nach die Gerechtesten seiner Ahnen;
Doch sein Nachfolger geht nicht auf den Wegen des Vaters.
Hassen sehe ich nun den Sohn, was wahnwitzig der Vater getan.
Und den Weg des sichern Glückes zeigt dieser den Söhnen,
Fröhlich blüht das Land, so lang man dieses bewahret,
Gleiches Glück wie er auch werden die Söhne genießen.
Herrlich strahlt der Sohn, Ungehofftes wird er erhalten;
Nicht weinen wird das Volk in jenen traurigen Zeiten,
Denn es werden wunderbare Ereignisse kommen,
Und gegen die Erwartung des Fürsten erwächst ihm eine neue Gewalt.
Endlich besteigt den Thron der Beste des Stammes.
Wieder erhält die Herde der Hirt und Bayern den König;
Gänzlich vergißt du, o Benedikt-Beuern, deine früheren Leiden;
Nährst deine Kinder am treuen Busen, nicht freut sich der Fremdling.
Mit erneuertem Glanz erheben sich dann die Tempel des Herrn;

Nach alter Weise gelangt auch die Geistlichkeit wieder zu Ehren,
Und kein grimmiger Wolf die edle Herd mehr bedräuet.

Simon Speers dunkle Voraussagen seien wenigstens an einigen Stellen im ursprünglichen lateinischen Wortlaut wiedergegeben. Dabei wird offenkundig, wie wenig vom Wohlklang, Versmaß und Reimschema der lateinischen Fassung ins Deutsche eingebracht werden konnte. Zweifellos spielt Speer (1599!) auf die Verheerungen der Säkularisation an, wenn er sagt:

Ecclesiam vastat, / bona religiosa subhastat –

und meint Lola Montez, „die Schlange“, mit seinem Vers:

Inferet ac tristem / patriae tunc foemina pestem
Foemina serpentis / tabe contacta recentis.

Wer erkennt nicht in dem „prunksüchtigen Fürsten“, der in den Wellen umkommt, König Ludwig den Zweiten? Speer geht ausführlich auf sein Schicksal ein:

Decrescit latus / fastuoso sub principe status,
Securitas gentis / est fortitudo regentis;
Sed quid juvabit / cor rectum, quando cubabit?
Orate fratres, / lacrimis haud parcite matres!
Fallit in hoc nomen / laeti regiminis omen,
Nil superest boni, / veteres migrate coloni!
Non robur menti, / non adsunt numina genti
Cujus opem petit, / contrarius hic sibi fiet,
Et perit in undis, / dum miscet summa profundis.

Auf die Wiedereinführung der Monarchie in Bayern und ein Ende aller Ängste lassen die letzten Zeilen schließen, die in der lateinischen Urfassung so heißen:

Et pastor gregem / recipit, Bojoaria regem,
Buron cunctorum / penitus oblita malorum,
Ipsa suos audet / fovere, nec advena gaudet,
Priscaque tunc templi / surgent mox tecta divini,
Et veteri more / clerus spendescet honore,
Nec lupus nobili / plus insidiatur ovili.

Reinhard Hallers Stormberger-Forschungen

Eine Notiz

In dem Buch „Bayerische Hellseher“ wurde mehrfach eine Rundfunksendung Reinhard Hallers zitiert. Sie bildete die Vorstufe zu einer Buchpublikation, die nicht mehr Aufnahme ins Schrifttumsverzeichnis finden konnte, weil sie nach Abschluß der Arbeit an diesem Buch noch nicht vorlag. Auf Hallers Veröffentlichung soll daher an dieser Stelle eingegangen werden.

Der volle Titel lautet: Der Starnberger, Stormberger, Sturmberger. Propheten und Prophezeiungen im Bayerischen Wald. Eine volkskundliche Dokumentation. Wie im Untertitel dargelegt, ist dies das Buch eines Volkskundlers, der nicht darüber befinden will, ob es Menschen gibt, die weissagen können, und der noch viel weniger entscheiden zu dürfen glaubt, welche Gültigkeit solche Weissagungen haben. Die Ausklammerung der Frage nach der Existenz der Präkognition engt notwendigerweise die Problematik auf das Vergleichen von Volkstexten ein; der Verfasser nimmt zwar in diese Darstellung von Parallelen den übrigen deutschen Sprachraum herein, muß aber von Vergleichen zwischen Vorhergesagtem und Eingetroffenem absehen. Dafür erschließt er eine Fülle von Details, die nur dem Forscher „vor Ort“ zugänglich sind.

So etwa, wenn er daran erinnert, daß im Wirrwarr des Weltlaufs und des Weltabräumens sich auch die Hoffnung auf eine bessere Zukunft verbirgt. Allerdings weist er darauf hin, daß die:

> Vorausschau auf eine spätere Heilszeit in den älteren Überlieferungen nur schwach angedeutet ist. Ratschläge, in welchen „Versteckungswinkeln“ man dem

Unheil entrinnen könne, scheinen erst danach ergänzt worden zu sein. Es sind abgeschiedene Plätze, die noch während des Zweiten Weltkrieges, vor allem aber 1945, beim Einmarsch der amerikanischen Truppen, aufgesucht worden sind.

Oder etwa, wenn er aus den Prophezeiungen des Philippus Paracelsus Theophrasticus von 1549 zitiert:

„... und werden sagen: Ey wo hast du dich aufgehalten und sie werden sagen: in einer Fuchshöhle ... so werden sie einander vor grossen freuden umb den Hals fallen und Küssen. Sagen, wie hast Du Dich so lang erhalten ... der ander wird sagen, ich hab mich in wilden ortten aufgehalten und die lieben Kreiter seint meine Speis gewesen, daß ich des Hungers nit gestorben bin ... und das Landt wirt auch von Volckh wiest und Lähr sein ... "

Oder wenn er die volkstümlichen Abwandlungen der Waldweissagungen bei den alten Leuten aufspürt. Kalte Schauer jagt es einem über den Buckel, wenn man da nachgewiesen bekommt, im Wald habe es schon um 1900 herum geheißen:

„Die Mühlen an den Forellenbacherl werden stillgelegt.

Der katholische Glaube wird fast ganz verschwinden. Die Geistlichen sind selber schuld, weil sie nicht mehr nach ihrem Stand leben.

Die alten Sachen werden wieder aufgeputzt und kriegen wieder einen Wert.

Die von der Stadt werden in den Wald hineinlaufen und die vom Wald werden in die Stadt hinauslaufen.

Aber es wird ihnen nicht so gut gehen, wie sie gemeint haben.

Das Holz wird so rar wie Zucker, das Eisen so rar wie Gold.
Im Wald werden so viele Straßen gebaut, daß man von einer auf die ander werfen kann.
Wenns die Toten mit dem Auto fahren –
dann ist es soweit.
Wenn der Johannestag und der Kranzltag zusammenfallen, dann gehts los.
(Gemeint ist Johannes der Täufer und Fronleichnam.)“

Und immer wieder ist von der auffälligsten Zeiterscheinung der sechziger und siebziger Jahre die Rede – den Straßen: „Wenns lauter schöne Straßen gibt.

Wenn so breite Straßen baut werden, daß drei Fuhrwerk nebeneinander fahren können und dabei einer den andern mit der Geißel nicht mehr derglangen kann.

Wenn übers Forellenbachl eine schwarze Straß baut wird. Dann ist die Zeit da, wo der Ruß herauskommen soll.
(Gemeint ist der Autobahnzubringer nach Zwiesel.)

Wenn man vor einem Pfarrer die Knie nicht mehr beugt. Wenn die Bauern Tür und Tor verriegeln, dann kommt es.“

Sybilla Weis

Die Prophetin aus dem Fichtelgebirge

Erwin Pohl aus Wetzlar teilte dem Verfasser am 8. September 1977 mit:
„In meiner alten Heimat (Altvatergebirge, Mähren) waren die Weissagungen des sogenannten ‚Waldpropheten', besonders aber die der Sybilla Weis gut bekannt. Nach der Aussiedelung meiner Angehörigen nach Bad Kissingen, zu denen ich mich nach dem Zusammenbruch durchschlug, traf ich dort (1946) eine ältere Dame aus meiner Heimat, die gesprächsweise die Sybilla-Weissagung erwähnte."

Daß die Sybillagestalt – ähnlich wie die des Waldpropheten – mehr oder minder legendär ist, geht schon aus der Namengebung – Weis, wie Weissagung – hervor. Sicher sind ihre Texte tradiertes und häufig abgewandeltes Volksgut. Ebenso sicher ist aber, daß es einen Menschen gegeben hat, von dem diese Prophezeiungen stammen. Der Briefschreiber fährt fort:„Sie machte, soweit ich mich noch entsinnen kann, über einen möglichen Zeitpunkt des katastrophalen Ereignisses folgende Aussage: ‚Diesem großen Strafgericht geht voraus: *1 Glutjahr*, danach *1 Flutjahr* und dann kommt das *Blutjahr.*' Das letztere soll auch ein Jahr mit einem kurzen (dem kürzesten?) Fasching sein."

1978 dauerte der Fasching, seit Menschengedenken zum ersten Mal, nur bis zum 7. Februar. Zum ersten Mal, seit es die Menschheit gibt, erwogen deshalb Münchner gastronomische Betriebe und Faschingsgesellschaften, den Fasching kurzerhand zu „verlängern", das heißt, *nach* dem Aschermittwoch, mitten in der Zeit des Fastens und der Buße, Faschingsfeste zu feiern. Sicherheitshalber setzten diese geschäftstüchtigen Zeitgenossen auch gleich das Gerücht von einem Einverständnis des erzbischöflichen Ordinariats in die Welt. Von dort kam freilich Widerspruch unter dem Motto: „Wenn Rebhuhn, dann Rebhuhn, wenn Fasten, dann Fasten."

Der Briefschreiber fährt fort:„Nun habe ich zum damaligen Zeitpunkt noch herzlich wenig auf Weissagungen gegeben. Inzwischen habe ich aber eine andere Erkenntnis gewonnen. So konnte ich mir durch Beobachtung und Beurteilung der politischen, wirtschaftlichen, militärischen, moralischen und religiösen Situation der heutigen Menschheit ein ander Bild machen, als ich es noch vor wenigen Jahren hatte. Dieses Bild einer moralisch immer tiefer sinkenden Welt würde ein direktes Eingreifen Gottes, wie es fast in allen Weissagungen, Erscheinungen und Botschaften der letzten 150 Jahre angekündigt, beziehungsweise angedroht wurde, durchaus erwarten lassen. Es bliebe nur noch der etwaige Zeitpunkt aus den verschiedenen Weissagungen zu ermitteln, denn, so sagt der Volksmund: Große Ereignisse werfen ihre Schatten voraus.

Ein Glutjahr – in diesem Jahr (1976?) herrschte in weiten Teilen der Welt eine große Trockenperiode während der heißen Sommermonate, da mehrere Wochen lang kein Regen fiel. Selbst im sonst so regenreichen England mußte der Wassernotstand ausgerufen werden! *Ein Flutjahr* (1977?): Dieses Jahr ist gekennzeichnet durch sintflutartige Regenfälle und Überschwemmungen in weiten Teilen der Welt. *Ein Blutjahr:* Unmittelbare Vorzeichen: Nach Irlmaier ‚werden zuvor drei Hochgestellte umgebracht' (vermutliche Ermordung von drei politisch hochgestellten Persönlichkeiten in diesem Jahr. Frühere, zeitlich weit auseinanderliegende politische Morde wie zum Beispiel an Kennedy und anderen können nicht als unmittelbare Zeichen angesehen werden.)"

Soweit das Briefzitat. Zur Begründung seiner Thesen legte Pohl einen Stoß Zeitungsausschnitte über das sogenannte „Glutjahr" und das „Flutjahr" bei.

Unter dem Glutjahr ist ohne Zweifel das Jahr zu verstehen, in dem in den Städten die Bäume tagtäglich gespritzt werden mußten, weil sie die Hitzewelle sonst nicht überstanden hätten. Genau erinnert sich der Verfasser dieses Buches, daß in seiner nächsten Umgebung 1976 Hunderte von Bäumen verdorrten. Eine junge Eiche versuchte er durch tägliches Gießen zu erhalten. Allabendlich schleppte er zwei Eimer Wasser achthundert Meter weit zu dem Bäumchen. Das Erdreich zischte und das Naß war sofort verdunstet. Es gelang nicht, das Bäumchen zu retten.

Die fünfzehn Sonntage des Franz Sales Handwercher

Immer wieder erzählen die ganz Alten aus dem „Gäuboden", die es von ihren Großeltern hörten, daß Pfarrer Handwercher unermüdlich gesegnet habe. Es war, sagen sie, als ob mit ihm Christus segnend durch die Pfarrei gegangen sei.

Pfarrer Handwercher war fest davon überzeugt: „Wenn ein Priester segnet, dann segnet der Heiland, dann strömen Gnaden aus seinem göttlichen Herzen in reicher Fülle auf die Gesegneten herab". So lauteten seine eigenen Worte.

Franz Sales Handwercher wurde am 3. Juni 1792 in Oberhausen an der Vils (Niederbayern) geboren und starb am 17. August 1853 in Oberschneiding bei Straubing. Dort liegt er auch begraben.

In einem Brief vom 1. Dezember 1830 schreibt der Segenspfarrer Handwercher aus Hohenegglkofen (Niederbayern), wo er damals die Pfarrei versah, seinem bischöflichen Gönner Johann Michael Sailer von Regensburg, daß er oft „Gesichter" und „Geistesmitteilungen" habe erleben dürfen.

An fünfzehn Sonntagen, jedesmal in der frühesten Morgenstunde, wurde er im Geiste entrückt und hatte eine Schauung. Er selber hat diese Schauungen unter dem Titel: „Blicke in die Zukunft" in der schlichten Versform des epischen Gedichtes „Dreizehnlinden" niedergelegt:

1. Sonntag: Gottesgeißel

Als ich heimkam von der Kirche
Sank ich auf mein Lager nieder.
Doch das Schreien um Erbarmen
Hallte in der Seele wider.

Plötzlich sah ich neben meiner
Wunderhold ein Knäblein liegen,
Das die Seele lächelnd einlud,
An sein Herz sich anzuschmiegen.

Und ich sprach: „Du liebes Kindlein,
Kannst dich über uns erbarmen?“
Und es ging vom Mund des Kindes
Süßer Hauch: „Ich will erbarmen!“

Plötzlich an des Kindes Stelle
Lag ein Mann von dreißig Jahren,
Und es trieb mich an mit Flehen
Ihm sogleich zu offenbaren. –

„O fürwahr, du bist derselbe,
Der als Kindlein dagewesen,
Willst du helfen, willst du retten,
Ach, dann werden wir genesen.“

Weg war Mann und Kind! Urplötzlich
Tobt ein Sturmwind in dem Hause,
Aus den Angeln fliegt die Türe
Auf mit donnerndem Gebrause.

Und ich hörte eine Stimme
Ins erstaunte Ohr mir fließen:
„Sieh, ich habe aufgeschlossen
Und es kann kein Mensch verschließen.“

Aber durch die Kammertüre,
Die der Sturmwind aufgelassen,
Sah ich plötzlich in die Stube
Strömen dichte Menschenmassen.

Alle schauten sie zum Himmel.
Eine sprach zur andern: „Siehe!"
Ich jedoch stand auf vom Lager,
Sank zu Boden auf die Knie.

„Gott", so sprach ich, „ist erschienen.
Unwert bin ich, nur die Riemen
Seiner Schuhe aufzulösen,
Ihm, dem Preis und Ruhm geziemen."

Aber in derselben Stunde,
Wo im Geiste dies geschehen,
Ward ein schrecklich Feuerzeichen
An dem Firmament gesehen.

Ähnlich einem Tafeltuche
Hing es nieder von den Sternen,
Und es ward herabgelassen
Aus des Himmels tiefsten Fernen.

Aus dem Tuche steigen Nebel
Auf samt Rauch und Feuerflammen
Und es wickelt wie ein Balken
Plötzlich sich das Tuch zusammen.

Eins der Enden von dem Balken
Hat ein Kronenreif umfangen,
Doch am andern Ende sah man
Eine Geißel Gottes hangen.

Lange sah man diesen Balken
Waagerecht am Himmel glühen
Und die Geißel hochgeschwungen
Feuerfunken niedersprühen.

Endlich sah man noch den Balken
In ein Schlachtschwert sich verändern,
Welches blutrot aufgehoben
Über Städten hing und Ländern.

2. Sonntag
Gericht ohne Erbarmen

In des Jammers Hause sah ich
Über tausend erdenfarb'ne
Schmerzverzehrte Menschen stehen
In dem weiten Krankensaale.

Mitten in dem Saale sah ich
Einen Mann zu Stuhle sitzen,
Dessen Augen gleich der Sonne
Voll erhab'ner Würde blitzen.

Solche Majestät des Wesens
War mir vorher nie erschienen;
Ich erkannte: diese Hoheit
Kann nur Gott zur Hülle dienen.

In der Stirne tiefen Falten
Schien ein Adlerzorn zu liegen;
Ernst und Strenge schien die Milde
Seines Herzens zu besiegen.

Auf das Knie gesenket wagt' ich
Seine Knie zu umklammern.
Seine Füße sanft zu küssen
Und zu ihm hinauf zu jammern:

„O erbarme dich, Erbarmer!
Sieh des Elends ganze Größe!
O erbarme dich, Erbarmer!
O errette, o erlöse!"

Aber langsam neigt der Hehre
Sein erhab'nes Haupt bei Seiten;
Durch den Wink des Auges sah ich
Mein Gebet mit „Nein" bescheiden.

Nochmals wag ich meine Bitte,
Aber mit der Hand zurücke
Weist der Hohe majestätisch.
Und er sprach mit ernstem Blicke:

„Meine Rechte hab' ich zürnend
Auf die Länder ausgestrecket;
Ein Gericht ist angesetzet,
Das die Erdenvölker schrecket.

Meinen Weizen will ich worfeln;
Säubern will ich meine Tenne;
Doch die Meinen will ich sammeln,
Wie die Küchlein lockt die Henne.

Will ein neues Reich mir stiften
Und darein die Treuen setzen,
Die in Buße meiner harren
Und den Glauben nicht verletzen."

3. Sonntag
Großes Sterben

„Was soll werden?", war mein Denken,
Als der Geist in Schlaf mich stürzte
Und ich schaute eine Blume,
So die Luft mit Weihrauch würzte.

Während ich am Farbenschmelze
Hochentzückt mein Aug' erbaue,
Neigt der Blume Haupt sich plötzlich,
Wie berührt von gift'gem Taue.

Und es welkt die Blumenkrone,
Dorrt wie Heu und sinkt zur Erden,
Wird zu Staub und wenig Erde
Und ich hörte: Das soll werden.

Jetzo werd ich abberufen
Und ich ging zum Hospitale,
Und ich stand im Priesterkleide
Mitten in dem Krankensaale.

Jammer spricht hier aus dem Auge
Von den Hunderten Elenden;
Ach an Wärtern fehlt's und Priestern,
Allen Hilf' und Trost zu spenden.

Viele kämpfen ihren Tod'skampf
Mit verzehrtem Blick und Leibe,
Rollen in des Schmerzes Zucken
Ihren Körper gleich der Scheibe.

Schaurig rasseln durch die Straßen
Unablässig schwarze Karren,
Und man wirft hinab die Leichen
Ehe sie noch ganz erstarren.

Und bei fernen Leichenzügen
Singen dumpf die Grabgefährten:
„Miserere mei Deus!"
Und ich hörte: „Das soll werden!"

4. Sonntag
Der Turm der Kirche unzerstörbar

Eine Kirche sah ich stehen
Und ich stieg hinauf im Turme;
Plötzlich scheint der Turm zu schwanken,
Wie ein Tannenbaum im Stumme.

„Ach der Turm stürzt!“ rief ich ängstlich.
Und ich ließ in banger Eile
Von der Spitze mich hernieder
An dem nächsten Glockenseile.

„Dieser Turm wird nimmer stürzen
Vor der Welt und Zeiten Ende!“
Also sagte mir ein Starker:
„Siehe an die Fundamente!

Aber jetzo ward ein Quader
Aus des Turmes Kranz gelöset;
Dieses hat dem ganzen Baue
Solches Zittern eingeflößet.“

Und ich sah den Grund gefestet
In des Berges Felsenadern,
Einen Wald von Säulenbogen,
Pfeilern aus den stärksten Quadern.

Unzählbare Eisenstangen
Klammern sich von Stein zu Steine,
Alle Fugen sind verkittet
Zu unlösbarem Vereine.

Also war der Bau geschirmet
Von unsichtbaren starken Stützen,
Daß kein Stein gefunden wurde,
Den nicht tausend andere schützen.

Hochverwundert mußt’ ich rufen:
„Dieser Turmbau wird bestehen.
Ehe seine Zinnen stürzen,
Wird das Erdenrund vergehen.“

Bald erkannt’ ich drauf den Quader,
Welcher damals los sich machte;
Denn es starb zur selben Stunde
Pius, so genannt der Achte.

5. Sonntag
Verwüstung der Kirchen

Mitten in den Strom des Niles
Trugen mich des Geistes Flügel
Über eine öde Insel,
Rings umwogt vom Wasserspiegel.

Wellen kommen, Wellen schwinden,
Schlagen an die Bank von Sande.
Traurig steht der rote Ibis
In dem schwanken Rohr am Strande.

Zwischen Schilfen und Papyrus
Rauscht das Nilpferd ungestaltet;
Und so sonnt das Krokodil sich,
Das den gelben Rachen spaltet.

Linkshin – Lybia, die Wüste –
Rechts – Arabias Felsenmassen –
Ich allein im breiten Strome
Schrecklich einsam und verlassen.

Und die Stimme in dem Innern,
Die da billigt und verklaget,
Schreit: „Ist nirgendwo ein Ausweg?"
Und ihr ward darauf gesaget:

„Sieh, der Weg ist in den Bergen,
Dornig, alpenvoll, uneben;
Durch die Mitte der Gefahren
Führt der eine Weg zum Leben.

Über Schlangen, Basilisken,
Krokodil und Löwenrachen
Sollst du schreiten unverzaget
Und der Hölle Trotz verlachen."

Von dem Abhang eines Berges
Bin ich gegen Tal gestiegen,

In der Kirche meiner Pfarre
Dem Gebete zu obliegen.

Neben einem Gottesacker
Führten mich vorbei die Schritte,
Und ich sah die Seelenkirche
Offen in der Gräber Mitte.

Ein paar hundert Schritte tiefer
Lag die Kirche in dem Tale;
Da verließ mich der gewohnte
Kirchenweg mit einem Male.

Eine Straße, wohlbekieset,
Vielbefahren, schnurgerade,
Von der Baumallee beschattet,
Sah ich statt dem alten Pfade.

Also kam ich bis zur Kirche,
Da ich öffnen will die Türe
Sinkt sie schwankend aus den Angeln,
Wie ich sie nur leis berühre.

Da ich nun das Innere schaute,
Hat sich mir das Herz empöret:
Betstühl', Kanzel und Altäre
Sind gestürzet und zerstöret.

Drinnen sieht man niemand beten;
Heu und Stroh erfüllt die Hallen,
Kaufmannsgüter sind darüber
Aufgetürmt in schweren Ballen.

Dieses Haus, dereinst gegründet,
Daß es Gott zur Wohnung diene,
Ist verwendet nun zum Zollhaus
Und zum Warenmagazine.

Und ich seufzte: „O wie schrecklich
Ist das Heiligtum zertreten!

Ausgeraubt ist Gottes Wohnung.
Ach, hier kann ich nicht mehr beten."

Heimwärts auf demselben Wege
Schritt ich, ganz von Gram erfüllet;
Da begegnet mir ein Fremder,
In ein schwarz' Gewand verhüllet.

In den Falten des Gesichtes
Schien ein finstrer Groll zu hausen,
Frech und herrisch ist die Stirne
Und sein Aug' erreget Grausen.

Er durchbohrt mich mit dem Blicke
Aus dem wilden Feuerauge.
Ha! Mir war als ob der Hölle
Abgrund mir entgegenhauche.

Wie beim Anblick der Medusen
Starren mir wie Stein die Glieder;
Und beflügelnd meine Schritte
Kam ich zu dem Kirchhof wieder.

Sieh! Die ganze Kirchhofsfläche
Gleich dem frischen Ackerfelde;
So durchfurchten seine Rasen
Der Verstorbenen Gezelte.

Neben frischen Leichenhügeln
Sah ich viele Gräber offen:
Gott! Erbarme dich der Seelen,
Deren Leib der Tod getroffen!

6. Sonntag
Weltjahrmarkt – Nur gebeugte Knie helfen wider Satan

In dem Innern einer Kirche
Sah ich Männer, Kinder, Greise;

Alle lasen in der Bibel,
Deuchten all sich klug und weise.

Aber ich nach meinem Brauche
Las im Römischen Breviere;
Und es fragten mich die andern,
Welch' Erbauungsbuch ich führe.

Höchlich staunten alle Leute,
Daß ich noch in diesem Buche
Voller Formeln, längst veraltet,
Meines Geistes Nahrung suche.

Doch ich blieb bei meiner Lesung
Und es trieb mich an, inwendig,
Daß ich sprach: „Der Buchstab' tötet,
Einzig macht der Geist lebendig."

Jetzo hör' ich zu mir sagen:
„Komm, ich will die Welt dir zeigen!"
Und ich ging mit einem Manne
Durch die Stadt. – In tiefem Schweigen.

In der Häuser langen Reihe
Zeigte mir der Mann das seine,
Führte mich in seinen Hausgang
Und dort ließ er mich alleine.

Hinter einer Gartentüre,
Die geöffnet wird nach innen,
Nahm ich Stellung, um die Aussicht
Auf die Straße zu gewinnen.

Sieh! Ein Markt war aufgeschlagen:
Zahllos sah ich Tisch und Buden,
Sah die Käufer und Verkäufer,
Männer, Weiber, Trödler, Juden.

Alle Früchte dieser Erde
Sah ich aufgetürmt zu Haufen;

Aller Länder Fabrikate
Sah ich kaufen und verkaufen.

Was als Stoff zur Kleidung dienet;
Wolle, Linnen, Pelz und Seide;
Was im Abgrund wird gewonnen:
Waffen, Silber, Gold, Geschmeide;

Was dem Auge wohlgefällig,
Was von künstlichem Gebilde,
Was dem Ohre süß und lieblich,
Was dem Fühlen weich und milde;

Was den Gaumen nur erlustigt
Von Getieren, Vögeln, Fischen,
Von Gewürzen, Kräutern, Weinen,
Fand ich auf den Händlertischen.

Aller Menschen Tagsgeschäfte
War ein Markten, Treiben, Dingen,
Um Gewinnste zu erkaufen,
Um Gewinnste zu erringen.

Plötzlich sah ich wilde Tiere,
Wohlbewehrt mit Zahn und Krallen,
Tiger, zottig, schwarz und grausam,
In des Volkes Menge fallen.

Tausend von den Käufern, Händlern,
Sah ich von der Tiere Bissen
Mitten in dem Marktgedränge
Angefallen und zerrissen.

Zitternd in dem Herzensgrunde
Sah ich auf der Tiger Toben.
Sieh! Da kommen schon die Tiger
Gegen mich dahergeschnoben.

Und sie dräuen, grimmig, wütend,
Mit den Zähnen mich zu schnappen;

Und sie drängen mit den Tatzen,
Mir die Türe aufzutappen.

Mit gebeugtem Knie sucht ich
Fest die Türe zuzudrücken;
Und ich zog zugleich das Messer,
Um als Wehre es zu zücken.

Auf der Tiere Köpfe schlug ich
Mit der Waffe viele Male;
Doch es war als träf die Klinge
Einen Helm von stärkstem Stahle.

Solche Feinde zu verwunden,
Kann das Messerlein nichts nützen;
Doch es retten mich die Knie,
So die Türe unterstützen.

Dadurch konnten diese Tiger
In das Haus hinein nicht dringen,
Gleich den Käufern auf dem Markte
Mich zu töten, zu verschlingen.

Während ich noch schwach und zagend
Kämpfe mit der Tiere Grimme,
Hört ich in dem Haus inwendig:
„Ruhig!" rief des Hausherrn Stimme.

Nun erhob sich große Stille;
Jene Tiger sah ich nimmer;
Doch der Hausherr nahte,
Lud mich freundlich in das Zimmer.

„Zeit zum Essen ist soeben;
Sei auf Fastenkost geladen;
Doch, gehorchst du nicht der Kirche,
Dann ersätt'ge dich mit Braten!"

Ich erklärte ihm dagegen,
Daß ich mich der Kirche füge,

Daß die Fastenkost vom Tische
Jenes Hausherrn wohl genüge.

Unterm Mahle sprach derselbe:
„Unnütz war zum Schutz dein Messer,
Doch die tiefgebeugten Knie
Dienten dir zur Rettung besser.

Nie mehr wird den Feind besiegen,
Wer mit solchen Waffen streitet,
Die er sich nach eig'ner Einsicht
Aus der eig'nen Kraft bereitet.

Satan, stets nach Beute brüllend,
Darf nur dann dich nicht antasten,
Wenn du fleißig Leib und Seele
Waffnest mit Gebet und Fasten."

7. Sonntag
Aller Gottesdienst erloschen

Eines Hochamts ernste Feier
Hatt' ich eben übernommen
Und ich war im heiligen Amte
Bis zur Präfation gekommen.

Sieh! Die Präfation des Festtags
War im Meßbuch nicht zu finden.
„Warum säumst du in dem Amte?",
Lärmt man in der Kirche hinten.

Und ich gab darauf zur Antwort:
„Weil die Präfation ich suche."
Doch soviel ich immer blätt're,
Find' ich keine in dem Buche.

Jetzo hört' ich eine Stimme:
„Schaue aufwärts an die Wände!
Siehe! Siebenhundertachtzig
Schrieben dort verborg'ne Hände!"

„Ziehe ab!“, so hat die Stimme
Nun zum zweitenmal geschrien;
Eine Zahl ward angeschrieben;
Von der ersten abzuziehen.

Und ich las: „Einhundertsechse“.
Und es ruft die Stimme wieder:
„Also lange liegt auf Erden
Aller Gottesdienst darnieder!“

8. Sonntag
Schwanken der Kanzeln

Große Menge füllt die Kirche
Und es herrschet tiefe Stille,
Daß dem Volk verkündet werde
Christi Wort und Gottes Wille.

Da ich jetzt zur Kanzel trete,
Scheint die Kanzel sich zu neigen.
Jemand rief: „Die unt're Kanzel wankt;
Zu der höh'ren mußt du steigen!“

Auf die höh're Kanzel stieg ich,
Welche am erhöht'sten Orte
Angebracht war in der Kirche,
Zu gehorchen jenem Worte.

Da beginnt auch diese Kanzel
Zu erzittern und zu beben;
Und dieselbe Stimme hört ich
Sich zum zweitenmal erheben:

„Auch die höh're Kanzel wanket;
Nötig ist es, daß nun eine
Neue Kanzel an dem Eckstein
Dieses Tempelbaues erscheine.“

9. Sonntag
Beichtstühle in die Wüste entführt

Vor der Kirche eines Klosters
Standen Stühle in dem Freien;
Es bereiten sich zum Beichten
Dichtgedrängte Menschenreihen.

Wohl mit Beichtigern und Priestern
Sind versehen alle Stühle;
Ich saß auch in meinem Beichtstuhl
Im dichten Volksgewühle.

Plötzlich sah ich alle Beichtstühl'
In dem Luftzug sich erheben.
Leicht wie Federn, ob den Köpfen
Der erstaunten Menge schweben.

Auch mein Stuhl war ausgerissen;
Doch erfassend Baumesäste
Konnt ich retten mich vom Schwindel
Und gewann der Erde Feste.

Fürchtend dacht ich: diese Stühle,
Die da flattern gleich den Blättern,
Könnten stürzend aus den Lüften
Viele aus dem Volk zerschmettern.

Und die Büßenden erdrücken,
Die genaht voll Heilsverlangen.
Sieh, da ist ein Sturm vom Herren
Von den Himmeln ausgegangen.

Und es wurden alle Stühle
Samt den Priestern, die drin saßen,
Dorthin, wo sie niemand schaden,
In die Wüste fortgeblasen.

10. Sonntag
Wolkenbruch über Bayern

Auf das Feld war ich gegangen,
Um der Arbeit nachzuschauen;
Und mein Baumann war beschäftigt,
Habersamen auszubauen.

Schwarze Wetterwolken sah ich
Ganz Europa rings umschleiern;
Doch der Himmel strahlte heiter
Einzig auf dem Lande Bayern.

Doch auf einmal hat auf Bayern
Sich das Wolkenmeer ergossen
Und der Sturmwind kam geflogen
Und es fielen schwere Schlossen.

Obdachsuchend vor dem Sturme,
Der hereinfuhr mit Gebrause,
Ging ich in dem nächsten Dorf
Zu dem ersten Bauernhause.

11. Sonntag
Die Erde, ein Schutt- und Ruinenhaufen

Auf dem höchsten Berg der Erde
Lag ich betend auf den Knien;
Durch Marien, Jesu Mutter,
Hat mein Herz zu Gott geschrien.

Wüst lag unter mir die Erde
Und wie weithin herrscht mein Auge,
Dampft ihr Grund wie Vesuvs Krater
Von inwend'gem Brandesrauche.

Der zerklüftet' schwarze Boden
Ist verkohlet und verglaset;
Über diesem Haufen Schutte
Hat ein Wirbelwind geraset.

Zahllos sah ich die Ruinen
Von den Städten in dem Lande,
Kirchen, Häuser ohne Dachung,
Lodernd von dem innern Brande.

Durch die Öffnungen der Fenster
Glüht es wie ein Höllenrachen;
Hinter schwarzen Eisengittern
Wild die roten Flammen lachen.

Ich verließ nach langem Beten
Dann des Berges Haupt, das kahle,
Stieg durch Reste eines Waldes
Nieder zu dem nächsten Tale.

In den Trümmern eines Dorfes
Da betrat ich Hausruinen,
Wo ich einen Mann erschaue;
Sonst ist niemand mir erschienen.

„Ach, wo bin ich?", war mein Erstes.
„Tausend Meilen wohl vom Orte,
Wo du nach dem Leibe wohnest,"
Waren des Gefragten Worte.

„Welches Unglück?", fragt ich weiter,
„Ist in diesem Land geschehen?"
„Ach, so hast du", war die Antwort,
„Nicht das Schreckliche gesehen?"

„Alle Städte und Fabriken,
Die einst blühten, sind verödet;
Die darinnen sich genähret,
Sind zerstreuet und getötet."

Ich gewahrte einen Wandschrank;
Öffnend fand ich dicke Bände
Mit der Handschrift alter Mönche
Auf ergrautem Pergamente.

Da ich nach dem Inhalt frage
Dieser staubbedeckten, alten
Schriften, die man hier verwahrte,
Hab als Antwort ich erhalten:

„Inkunabeln von Franziskus
Sind's, dem Freund der Seraphinen;
Diese kann man jetzo brauchen,
Denn es ist die Zeit erschienen."

12. Sonntag
Europäischer Satanskampf gegen die Kirche

Ganz Europa war ein Lager
Von dem größten Kriegesheere;
Und es sammeln sich die Scharen
Gleich dem Sande an dem Meere.

Alle Völker waffnen wilde
Schreckens-Revolutionen,
Um die Männer zu bestreiten,
Die auf einem Berge wohnen.

Denn in eine Felsenfeste
Haben sich zurückgezogen
All die wenigen Getreuen,
Die dem Baal das Knie nicht bogen.

Die des Osterlammes Siegel
Klar auf ihrer Stirne tragen
Und, wohin das Lamm auch gehe,
Ihm stets nachzufolgen wagen.

Die am alten Felsen halten,
Hoffnungsvoll nach jenen Worten:
„Daß den Felsen nicht erschüttern
Werden alle Höllenpforten."

Und ich schaue, wie die Feinde
Aus den Völkern Streiter warben;

Und ich sah bei jedem Stamme
Seine Fahnen, seine Farben.

Einen sah ich, der vor allen
Heißergrimmt im Hasse wütet
Und zum Sturme anzufeuern
Seine Scharen nicht ermüdet.

Furchtbar deckt ihn schwarze Rüstung;
Seine Kraft ist ungeheuer;
Rauh ist jedes seiner Worte
Und sein Blick und Schwert ist Feuer.

Stolz, unbändig ist sein Streitross,
Trauerfarbig und geflügelt,
Das er schnaubend durch die Lüfte
Gegen unsere Festung zügelt.

Wütend schlägt er mit dem Schwerte
An der Festung Eisengittern,
Daß die Mauern wie die Herzen
Der gerechten Christen zittern.

Doch in Kraft des Namen Jesu
Stellt ich mich dem Feind entgegen,
Hielt ihm vor den Namen Jesu
Und des heiligen Kreuzes Segen.

Und ich sah ihn nebst dem Rosse
An dem Felsenberg zerschellen,
Sah ihn fallen gleich dem Blitze
In den Abgrund seiner Höllen.

13. Sonntag
Restauration der Kirche

Auf der Spitze eines Berges
In der Mitte grüner Auen

Sah ich einen neuen Tempel,
Eine neue Kirche bauen.

Von dem Plan des ganzen Tempels
War erst das Portal vollendet,
Welches gleich der Sonne leuchtend,
Jedes Menschen Auge blendet.

Herrlich wölbt sich das Gebäude
Wie ein klarer Regenbogen;
Offen sind die weiten Pforten,
Daß hinein die Völker wogen.

Seine Mauern sind von Golde,
Hell, geschliffen und polieret,
Auch mit vielen Edelsteinen
Und mit Perlen reich gezieret.

Arm sind alle Erdenschätze
Vor dem Wunderwerk der Zeiten,
Nichts Salomonis Tempel gegen
Dieses Baues Herrlichkeiten.

Und ich dachte hochentzücket:
„Welche Kirche wird dies werden!
Ach, ist diese Wohnung Gottes
Nicht zu herrlich für die Erden?!“

14. Sonntag
Christus herrscht

Von demselben Tempelbaue,
Den ich sah zum ersten Male,
Unvergleichbar herrlich strahlend,
Sah ich wieder das Portale.

Durch die offenen Flügeltore
Sah ich jetzt zum Hochaltare;
Dorten, ausgespannt am Kreuze,
Hing das Opferlamm, das wahre.

Seine Stirne ist mit Rosen,
Nicht mit Dornen mehr umbunden;
Kränze schmücken seine Arme,
Herrlich strahlen seine Wunden.

Jesus löst vom Kreuz die Arme
Mit den blühenden Girlanden
Und er schenkt von seinen Wunden
Süße Düfte auf die Landen.

In dem Himmel wie auf Erden
Ihm die Knie alles bieget
Und ich höre eine Stimme:
„Jesus Christus hat gesieget."

15. Sonntag
Alles eins im Glauben

Wieder sah ich Berg und Kirche
Mit dem herrlichen Portale;
Doch der Weg hinauf war steiler,
Als die beiden ersten Male.

Zu dem goldenen Portale
Reihen Hallen sich und Mauem,
Fest aus gold'nem Guß gefüget,
Um Jahrtausende zu dauern.

Herrlich in der Himmelswölbung
Hat die Kuppel sich erhoben
Und das Kreuz, das Welt
Und Satan überwunden, steht hoch oben.

Meine Augen überraschen jetzt
Drei Tempel in dem einen,
Die vereint und doch geschieden
Als ein Ganzes mir erschienen.

Links ist Gott des Vaters Tempel.
Rechts der Tempel von dem Worte;
Mitten strahlt des Geistes Kirche
In dem heiligen Gnadenorte.

In den dreien Kirchen sah ich
In anbetendem Vereine
Mit den Engeln und den Heil'gen
Die andächtige Gemeinde.

Alle Gläubigen und Frommen
Jeden Ranges, jeden Standes,
Jeden Alters und Geschlechtes,
Jeden Weltteils, jeden Landes.

Wer zum Geist ruft, ehrt den Vater;
Wer den Sohn ehrt, dient dem Geiste;
Niemand kann zu einem flehen,
Der nicht Dreien Ehrfurcht leiste.

Zur Monstranze wählt die Jugend
Sich des Waldes schönste Fichte;
Und es strahlt im grünen Zelte
Jesu Herz in mildem Lichte.

Und es wirft die hellsten Strahlen
Auf die Lande nah und ferne
Und erquickt mit seiner Wärme
Auch des Himmels weit'ste Sterne.

Hochentzückt von dem Gesichte
Sank ich auf die Tempelstufen
Und in Preis und Dank ergossen,
Hat mein Herz zu Gott gerufen:

„O wie fromm ist diese Jugend!
O wie fromm die ganze Herde!
O wie herrlich ist die Wohnung
Meines Gottes auf der Erde!"

Pfarrer Handwercher hat also 1830 vorausgesehen:

Es kommt eine Zeit höchster wirtschaftlicher Blüte. Durch den Wohlstand wachsen Genußsucht und Gottlosigkeit. Dadurch geraten viele Menschen unter die Herrschaft des Teufels, vor der allein Demut, Verzicht, Gebet und Fasten retten können.

Indessen: Selbst anhaltendes Gebet vermag das Gericht nicht mehr abzuwenden.

Das Sakrament der Versöhnung wird eine Zeitlang nicht gespendet werden.

Gotteshäuser werden entweiht, viele Christen getötet.

Katastrophen richten große Verheerungen an.

Satan will alles für sich erobern. Seine Waffen sind Revolutionen, Spaltungen, Kriege, aber Jesu Kreuz und Jesu Namen vermögen seine Macht zu zerschmettern.

Nach der Katastrophe wird die Kirche Gottes glanzvoll erstehen. Eine arme aber fromme Zeit erleben die Übriggebliebenen.

Von dem Vers:

„Lange sah man diesen Balken
Waagerecht am Himmel glühen
Und die Geißel hochgeschwungen
Feuerfunken niedersprühen“

soll an anderer Stelle des Buches ausführlich die Rede sein. Es handelt sich um die außergewöhnliche Erscheinung des „Funkenregens“.

Das „Gericht ohne Erbarmen“ ist angesetzt; Handwercher sieht es voraus, ohne freilich eine Zeitangabe zu machen.

Den dramatischen Priestermangel des späten zwanzigsten Jahrhunderts sieht Handwercher 1830, als es noch Priesterüberfluß gab, voraus.

Die ägyptische Vision ist bedrängend. Ob sich Handwercher bei seiner Schau zerstörter Kircheneinrichtungen an die Verwüstungen der Säkularisation erinnert oder die Greuel der Hitlerzeit vorausschaut, bleibt offen.

Die Höherbewertung des „freien" Forschens gegenüber dem liturgischen Gebet, wie sie für die Jahrzehnte nach dem Zweiten Vatikanischen Konzil kennzeichnend war, sieht Handwercher voraus. Ebenso schaut er mit verblüffender Klarheit Wohlleben und Überfluß der Konsumgesellschaft. Die Bedeutung des (heute verpönten) Kniens und Fastens hebt er hervor. Alles Übel schreibt er – wie Benedikt von Nursia – der Übersättigung zu.

Es ist vermutet worden, Pfarrer Handwercher habe etwas gegen das Bußsakrament einwenden wollen, als er von der Entführung der Beichtstühle sprach. Eher wahrscheinlich ist aber nach Handwerchers ganzer priesterlicher Lebensführung, daß er von dem zunächst reformerisch gemeinten, später durch den Priestermangel bedingten Schwinden der Bußpraxis entsetzt war.

Die Schilderung zerstörter Städte und Fabriken reicht an die Sprachgewalt Ernesto Cardenals heran. Die glatte Zunge des Unmenschen ist verstummt, die einst für Luxus und Luderleben warb: „... an vorderster Front der Technik des Kraftfahrzeugbaus Impulse zu geben, bei ABM ist das drin! Denn wir haben die innovative Atmosphäre ..." Die Aluminiumfassaden, die meilenweit ins Land hinausleuchteten wie eine Trutzburg Luzifers – alle sind nun verglüht, alle zerstäubt. Franziskanische Armut ist nun zeitgemäß.

Ob wir es bei der Beschreibung des schwarz gerüsteten Kämpfers gegen die Kirche mit Hitler oder einem späteren Atheisten zu tun haben, bleibt ungesagt.

Fassen wir als Vorausschau Franz Sales Handwerchers zusammen: Die Verwüstung der Kirche, das Wanken der Theologie, das Erlöschen des priesterlichen Breviergebets, das Versiegen des Bußsakraments, das Ende aller Gottesdienste. Gleichzeitig schaute der Seher Wohlstand und Luxus, ein gewaltiges Gericht, ein großes Sterben, die Erde als Schutt und Trümmerhaufen, Satans Kampf gegen die Kirche, zuletzt aber eine Erneuerung der Welt.

DIE „HELMSAUER MARIE“

Im abgeschiedenen Hügelland östlich der niederbayerischen Hauptstadt Landshut, mitten im sogenannten Kröning, dem uralten bäuerlichen Hafnergebiet entlang der kleinen Vils, am genauesten gesagt im Dreieck zwischen den Dörfern Diemanskirchen, Dietelskirchen und Schwatzkofen, lag die Heimat der „Helmsauer Marie“. Unter diesem Namen war sie allerdings nur den Fremden bekannt, den Ratsuchenden, die täglich zu Dutzenden vor ihrem bescheidenen Haus Schlange standen und sich mit Geduld wappneten, bis die Reihe an sie kam. Im Dorf Helmsau, an dessen Rand ihr kleines Anwesen stand, hieß sie nach ihrem Hausnamen „d'Huaber Marie“. Geschrieben hat sie sich Burgstaller Maria.

Geboren war sie in Geislhöring als arme Häuslertochter am Nikolaustag des Jahres 1892. Eine wunderliche Weibsperson muß sie schon immer gewesen sein, die Marie, denn der Mann war ihr davon und sie hauste jahrzehntelang mit einem zusammen, dem seinerseits die Frau durchgegangen war. Kinder hatte sie keine geboren, aber zwei Söhne einer armen Magd aufgezogen.

Ein ursprüngliches Land ist auch heute der Kröning noch, mit stundenweiten Wäldern und Feldern, mit bewegten Hügeln und schmalen Fahrten. Häuser gibt es wenig, wie es sich gehört, und weit ist der Himmel. Der Blick ans Firmament, ans nächtliche besonders, an dem in dunkler Nacht hell die Milliarden Sterne erstrahlen, hat es der Huber Maria immer wieder angetan. Ihre oft verblüffend genaue Voraussage künftiger Ereignisse führte sie auf die Kenntnis der Sterne, aber auch auf das Wissen um die Zahlen und Farben zurück.

Geld hat sie nie genommen. Aber die vielen Leute, arme und reiche, junge und alte, die aus weiter Ferne zu ihr kamen, brachten mitunter kleine Aufmerksamkeiten mit, ein Buch oder ein paar Handschuhe, eine Bluse oder eine Tafel „Schoklad“. Wenn sie Geld genommen hätte, das hört man in ihrem Bekanntenkreis noch heute, wäre sie Millionärin geworden, denn ausgegeben hat sie kaum einen Pfennig. Unvorstellbar bescheiden lebte sie. Als der Huber Anton, mit dem sie gehaust hatte, gestorben war und ihre zwei Ziehkinder sich ein anderes Dach und Ehegattinnen gesucht hatten, lebte sie ganz allein in ihrem Gütl, streute den Hühnern Futter und empfing die Leute in ihrer niederen Stube, wo sie hinter dem großmächtigen Tisch saß, im abgeschabten bodenlangen Gewand, einen karierten Schurz vor den Leib gebunden und ihr unvermeidliches Kopftuch umgeknüpft.

Als der Horner Andreas, ihr Nachbar, am 2. Dezember 1940 einrücken mußte und sich von der Marie verabschiedete, sagte sie: „Denk da nix, auf Weihnachtn bist wieder dahoam.“ Tatsächlich wurde der Andreas wegen eines Knochenleidens bereits am 19. Dezember wieder entlassen. Als er daheim ankam, sagte die Marie: „Jatz host bis auf Johanni an Ruah.“ (Das Fest Johannes des Täufers wird am 24. Juni gefeiert.) Am 20. Juni hat der Andreas erneut zur Musterung müssen. Als er wenige Tage später wieder heimkam, sagte die Marie: „Net daß d'moanst, jatz waar alls vorbei: drei Monat lang lassen s' da jetz koa Ruah nimma. Aber nachand kimmst hoam und dann is da Kriag für di aus.“ Tatsächlich mußte sich der Andreas immer neuen Musterungen stellen. Erst im September 1941 wurde er als untauglich entlassen. Seitdem kam kein Mensch mehr zu ihm und er hörte nie mehr etwas vom Generalkommando. Die Voraussage der Helmsauer Marie war eingetroffen.

Daß die Marie die Gabe der Präkognition besaß, ist hundertfach bezeugt. Ein anderer Nachbar, Hiasl mit Rufnamen, hatte im Krieg schwere Gefahren bestanden. Einmal wurde ihm die Mütze durchschossen, ein andermal die Hose. Beide male kam der Hiasl wie durch ein Wunder ohne nennenswerte Verletzung davon. „Den kinnans zehamoi durch d’Haubn schiaßn und zwanzgmoi durch d’Hosn, koa Kugl ko’ eahm net o!“, sagte die Marie wiederholt zu der besorgten Mutter. „Sei Stern laßt des net zua!“ fügte sie dann meist mit einem vielsagenden Blick hinzu. Als der Hias aber das letzte Mal auf Urlaub keimkam und sich die Nachbarin in einem vertraulichen Zwiegespräch mit der Marie noch einmal der Gefeitheit ihres Sohnes versichern wollte, schüttelte die Alte finster den Kopf. „Naa, so gwiß seg i dees jetz nimma, was i gsegn hab. Des was da-r-i gsagt ha, guit nimma. Sei Stern hot si draaht. Muaßt betn, Nachbarin.“ Mehr sagte sie nicht. Aber einem anderen Dorfbewohner gegenüber sagte sie: „Ob der no amoi hoamkimmt? Wünschn daat i’s eahm, aber i glaabs net.“ Wenige Tage darauf ist der Hias im Mittelabschnitt in Rußland gefallen.

Verblüffend ist ihre von vielen Ohrenzeugen bestätigte Aussage über Dauer und Ausgang des Zweiten Weltkriegs. Zunächst prophezeite sie, bereits vor Ausbruch des Krieges, daß viele Leute, die eine fremde Sprache sprechen, zum Arbeiten kommen werden. Vielleicht meinte sie damit die Kriegsgefangenen. Vielleicht aber spielte sie damit auch bereits auf die sogenannten „Gastarbeiter“ der sechziger und siebziger Jahre an. Kurz nach Ausbruch des Krieges sagte sie voraus, daß dieser bis zum Jahre 1945 dauern werde. Ihre verbürgten Worte waren: „45 macht da Ami am 1. Mai d’Tür auf!“ Und als man sie entsetzt fragte: „Soll das vielleicht heißen, daß wir den Krieg verlieren?“, erwiderte sie ebenso unmißverständlich wie unerschrocken: „Moanst’, daß d’Hadalumpn an Kriag gwinga?“

Diese Auskunft gab sie jedem, der sie hören wollte. Nicht verwunderlich, daß eines Tages die Polizei vor der Tür stand und sie zum Verhör abholte. Mehrere Tage behielt man sie in Untersuchungshaft. Begreiflich, daß sie sich, was Voraussagen über die Zukunft von Staat und Volk anging, künftig äußerste Zurückhaltung auferlegte.

Erst nach Krieg und Hitlerzeit gab sie diese Zurückhaltung allmählich auf. In ihren letzten Lebensjahren machte sie wiederholt Aussagen über kommende Katastrophen. Nein, sie sprach nie von einem Krieg, sondern immer wieder, und wörtlich, von Katastrophen. „Ab 1980“, sagte sie, „kommen lauter Katastrophen.“ Wiederholt und wörtlich drückte sie sich so aus: „Ab 1980 gibt's Katastrophen über Katastrophen! Katastrophen über Katastrophen!“ Es war die Zeit, als die intensive Bodenausnützung in der Landwirtschaft begann, der Maisanbau, die Silierung, die Erweiterung der Ställe, der Einsatz von Spritzgiften und Kunstdünger, in den späten fünfziger und frühen sechziger Jahren also.

Da sagte sie: „De Silo, de wo 's jatz überoi bau', de stengan alle no laar! Zwischen 1980 und 1985 spätestens, da stenga de Silo laar!“ Zum Horner Andreas aber sagte sie: „Und den Stoi, den wots da baut habts, den seg i wieda fliagn!“ (Sie meinte wohl: wieder zusammenfallen, vielleicht auch umfallen.) „Krankheitn kemma, de heit no koa Mensch kennt! Menschen sterben, mehra wia in alle Kriag mitanand. Katastrophen über Katastrophen kemman. Alle Jahr werds schlimmer! Und 86 kimmt de ganz grouße Katastrophe!“

Mit der Jahresangabe „45“ hatte die „Helmsauer Marie“ erstaunlicherweise recht behalten. Was es mit ihrer Voraussage für das Jahr 1986 auf sich haben und ob sie sich da nicht doch getäuscht haben könnte, die Beantwortung dieser Fragen mußte sie nicht mehr erleben.

Am 19. Oktober 1973 vormittags wurde sie, wegen Wassersucht und zunehmender Herzbeschwerden, vom Geisenhauser Arzt, bei dem sie sich zur Untersuchung befand, umgehend ins Vilsbiburger Krankenhaus eingewiesen. „I ko no net“, widersetzte sie sich, „was daatn da de Leit sagn, de heit nachmittag zu mir kemmand! Erst heit auf d'Nacht kon i ins Spitoi! Ehnder net!“ Mit letzter Kraft stand sie den Besuchern, die sich von weit her zur Helmsauer Marie begeben hatten, Rede und Antwort. Erst abends ließ sie sich von ihrem Ziehsohn ins Vilsbiburger Krankenhaus fahren. Dort ist sie vierundzwanzig Stunden später gestorben. Man schrieb den 20. Oktober 1973. Es war der Samstag vor Kirchweih.

Franziska Maria Beliante, Pater Johannides, Hepidanus von Sankt Gallen, Pfarrer von Baden, Einsiedler Antonius, Josef Kugelbeer.

Parallelen in den Vorhersagen außerbayerischer Seher

Franziska Maria Beliante (1923)

Gräfin Beliante, genannt „Prinzessin von Savoyen", war die Gattin eines begüterten Aristokraten in Turin. Sie starb an der Geburt ihres sechsten Kindes. Am 5. Mai 1923 schrieb sie in einem Brief:

„Ganz Europa wird in einen gelben Dunst gehüllt. Alle, die diesen Dunst atmen, werden sterben. Die Häuser und Kirchen werden niederbrennen und das Vieh auf den Weiden wird an diesem Dunste sterben."

Pater Johannides (Daten unbekannt)

„Von Osten wird ein gelber Nebel aufsteigen und an dem großen reißenden Strome haltmachen. Eine ungeheure Schar wird sengend und brennend durch dieses Land ziehen und alles vernichten, was sich ihnen in den Weg stellt. Nur ein kleiner Teil wird gerettet und zwar jener, der die Zeichen dieser Zeit erkannt hat. Die Geißel des Ostens heißt Unglaube, Gottlosigkeit."

Hepidanus von St. Gallen (1081)

„Siehe von Mitternacht gegen Mittag ist heute die Erde getrennt und die Menschen haben sich in zwei Heerlager gespalten gegen Süd und gegen Nord. Und der Norden zeigt nach Süden als Feind, der Sohn gegen den Vater, und das Unglück folgt ihm über die Berge wie die Nacht dem Tage. Aber es wird bald ein Tag anbrechen, da wird ein Licht aufgehen um Mitternacht im Norden, und heller strahlen wie die Mittagssonne des Südens. Und der Schein der Sonne wird verbleichen vor jenem Lichte. Alsbald aber wird sich eine düstere Wolke lagern zwischen jenem Licht und der Menschheit, die darnach hinblickt. Ein furchtbares Gewitter wird sich aus dieser Wolke bilden. Es wird den dritten Teil der Menschen verzehren, die dann leben werden. Und der dritte Teil aller Saatfelder und Ernten wird zerstört werden. Auch der dritte Teil der Städte und Dörfer, und überall wird große Not und Jammer sein."

Pfarrer von Baden (Grenze zur Schweiz) (1923)

„Der Norden Deutschlands wird bolschewistisch werden. Auch Westfalen wird in die Hände der Bolschewiki fallen. Es werden dann schwere Kämpfe mit den Franzosen am Niederrhein stattfinden, wobei auch Köln schwer heimgesucht wird.

Aus dem Süden wird ein aus Bayern und Österreichern gebildetes Ordnungsheer anrücken, das, anfangs klein, immer mehr Zulauf bekommen wird. Im Verein mit den rheinischen und französischen Truppen wird es die Bolschewiken, Russen und Preussen vollständig niederwerfen. Die letzte Schlacht wird zwischen Essen und Münster stattfinden. Hierauf wird zu Köln am Rhein die Krönung des neuen Kaisers, der das Heer geführt hat, stattfinden durch den Papst, der bei der Revolution in Rom nach der Schweiz entflohen war. Dann wird der Kaiser den Papst nach Rom zurückführen und in Italien Ordnung schaffen." (Diese Vorausschau wird mitgeteilt in dem Buch „Der dritte Weltkrieg und was danach kommt" von Josef Stocker).

EINSIEDLER ANTONIUS (LEBTE IM BISTUM KÖLN, STARB 1820)

„Ein Hauptzeichen des ausbrechenden Krieges aber wird es sein, wenn allgemeine Religionslosigkeit und Sittenverfall eintritt, wenn man Tugend für Laster und Laster für Tugend hält, wenn man Fromme mit dem Namen ‚töricht' und Ungläubige mit dem Namen ‚aufgeklärt' belegt ... In einer abermaligen Schlacht bei Frankfurt wurden die Preußen wieder geschlagen. Sie zogen sich bis Siegburg zurück, wo sie zum russischen Heere stießen. Die Russen machten gemeinsame Sache mit den Preußen. (!) Mir schien es, daß Österreicher den Franzosen halfen. Die Schlacht bei Siegburg war etwas noch nie Dagewesenes an Schrecklichkeit. Ähnliches wird nie mehr gesehen werden. Nach einigen Tagen zogen sich die Preußen und Russen zurück und gingen eineinhalb Meilen unterhalb Bonn auf das linke Rheinufer. Stetig vom Feind bedrängt, zogen sie sich nach Köln zurück. Die Stadt wurde beschossen, nur ein Viertel der Stadt bleibt unversehrt. Stets auf dem Rückzug retteten sich die Reste der preußischen Armee nach Westfalen. Dort war die letzte (!) Schlacht, ebenfalls zu ihren Ungunsten."

JOSEF KUGELBEER, FLICKSCHUSTER AUS LOCHAU BEI BREGENZ, VORARLBERG, 1922

Als Einleitung sei ein Schreiben von Armin Brunner aus Marktoberdorf an den Verfasser mitgeteilt: „In der entsprechenden Literatur wird oft ein Seher ‚Franz Kugelbeer, visionärer Bauer bei Lochau/Bregenz' zitiert. Wie ich in Lochau von Leuten, die ihn noch selbst kannten, erfahren habe, hieß dieser Mann Josef Kugelbeer und war nicht Bauer, sondern Flickschuster. Er wurde als Säugling vor dem Armenhaus ausgesetzt, auf der Grundparzelle Kugelbeer – daher der Name."

Der visionäre Flickschuster aus Lochau bei Bregenz am Bodensee hatte 1922 eindrucksvolle Schauungen, zuerst im Traum, später, hartnäckig wiederkehrend, im Wachzustand; sie liefen ab wie ein Farbfilm im Kino.

„Es herrscht eine große Sittenverderbnis."

„Über Nacht kommt die Revolution der Kommunisten, verbunden mit den Nationalsozialisten, der Sturm über Klöster und Geistliche. Die Menschen wollen es zuerst nicht glauben, so überraschend tritt es ein. Viele werden eingekerkert und hingerichtet. Alles flieht in die Berge, der Pfänder ist ganz voll Menschen."

„Wie ein Blitz aus heiterem Himmel kommt der Umsturz von Rußland her, zuerst nach Deutschland, darauf nach Frankreich, Italien und England."

„Allerorts ist Aufruhr und Zerstörung. Es ist an einem Ort eine lange, breite, von Soldaten umsäumte Straße, darin jung und alt, Frauen, Kinder und Greise. Am Straßenrand steht eine Köpfmaschine, die der Oberhenker durch einen Druckknopf in Betrieb setzt, zu beiden Seiten von je zwei Henkern unterstützt. Alle diese Menschen werden enthauptet. Es fließt so viel Blut, daß die Köpfmaschine zwei- bis dreimal versetzt werden muß."

„Die Rheinlande werden zerstört. Die Flugzeuge schwärmen wie die Schwalben und lassen Bomben gleich Regentropfen fallen. Paris brennt, Marseille wird von der Meeresflut in einen tiefen Graben geschwemmt."

„Mord in Rom. Drei bis vier Meter hohe Berge von Leichen von Geistlichen und Bürgern. Der Papst flieht mit zwei Kirchenfürsten auf Nebenstraßen zu einer alten Kutsche und in ihr über Genua in die Schweiz. Später kommt er nach Köln."

„Finsternis von drei Tagen und Nächten. Beginn mit einem furchtbaren Donnerschlag, mit Erdbeben. Kein

Feuer brennt. Man kann nur noch beten."

„Blitze dringen in die Häuser, gräßliche Flüche von Teufeln sind zu hören. Erdbeben, Donner, Meeresrauschen. Wer neugierig zum Fenster hinausschaut, wird vom Tode getroffen. Man verehre das kostbare Blut Jesu und rufe Maria an."

„Es herrscht die Pest, große schwarze Flecken am Arm sieht man. Schwefeldämpfe erfüllen alles, als wenn die ganze Hölle los wäre."

„Ein Kreuz erscheint am Himmel. Das ist das Ende der Finsternis. Die Erde ist ein Leichenfeld wie eine Wüste. Die Menschen kommen ganz erschrocken aus den Häusern. Die Leichen werden auf Wägen gesammelt und in Massengräbern beerdigt. Es fahren weder Eisenbahn noch Schiffe, noch Autos in der ersten Zeit. Die Fabriken liegen still, das rasende Tempo früherer Zeit hat aufgehört."

„Der Papst ist im zerstörten Köln. Er empfängt im Dom einen jungen Herrn in Zivil, der hereingeführt wird und sich in der Sakristei in eine Offiziersuniform ähnlich der ungarischen umkleidet. Im Chore stehten zwei Throne. Dem neuen Monarchen werden Kopf und Hände gesalbt. Er erhält den Ritterschlag mit einem breiten Schwert und eine alte Kaiserkrone, den Krönungsmantel aus weiß mit goldenen Lilien, das Szepter und den Reichsapfel. Das Szepter wird ihm gegen das Kreuz umgetauscht, und er schwört den Eid der Treue und des Schutzes der Kirche (!). Te Deum unter dem Jubel des Volkes. Der große Monarch schwingt sein Schwert nach allen vier Himmelsrichtungen, als Zeichen, daß er die Kirche beschützen will.

Ein anderer alter Herr dankt auf alle Rechte ab. Den großen Monarchen begleitet ein Heer von Engeln unter Anführung des hl. Michael, den ich in prächtiger Waffenrüstung und in hoher Gestalt erblicke. Der Monarch besiegt alle Feinde."

„Die übriggebliebenen Menschen sind wie Heilige. Gott beruft neue Priester, die in schneller Weise auf ihr Amt vorbereitet werden ... Es wird nun in acht Tagen mehr gebetet als früher in einem Jahr."

Winfried Ellerhorst schließt sein im Jahr 1951 erschienenes Buch: „Prophezeiungen über das Schicksal Europas" mit einer Hoffnung, wenn er schreibt:

„Man kann den Völkern Rußlands nur wünschen, daß der große Angriff aus dem Osten, von dem seit Jahrhunderten alle europäischen Visionen des Dritten Weltkrieges sprechen, unterbleiben und dieser Kelch an ihnen und uns vorübergehen möge. Denn diese Völker wünschen sicherlich den Krieg ebensowenig wie die Völker des Westens. Und möge auch die gegenwärtige russische Führung durch alle diese übereinstimmenden Voraussagen darin bestärkt werden, alles das zu bewahrheiten, was sie zur Zeit über Frieden und Abrüstung äußert, und möge sie entschlossen sein, den ‚Kampf um den Frieden', von dem im Osten heute so viel die Rede ist, wirklich friedlich zu führen. Alle Prophezeiungen können irren. Das gilt auch für die Voraussagen des russischen Angriffs, und nichts sollte man scheuen, um sie Lügen zu strafen."

Der spanische Marqués Donosco Cortés, die Vision des Bernhard Clausi, Mater Alphonsa Eppinger, Die stigmatisierte Helena Aiello, Anna Schäffer von Mindelstetten, Die Aussagen von Josef Albrecht aus Hausen, Der alte Plagge

Der spanische Marqués Donosco Cortés (1809–1856)

Es mag auf den ersten Blick befremden, den spanischen Politiker, Diplomaten und Staatsphilosophen unter die Propheten eingereiht zu sehen. Freilich ist es inzwischen fast schon Mode geworden, ihn wegen seiner politischen und weltanschaulichen Prognosen zu einem „Seher" zu stempeln.

Tatsächlich sah er die geistigen und politischen Kraftlinien seiner Zeit mit erstaunlichem Scharfblick. Seine Vorhersagen sind nichts anderes als der Versuch, diese Linien folgerichtig in die Zukunft fortzusetzen.

Der Marqués Cortés weigerte sich hartnäckig, an das zu glauben, was seine Zeitgenossen „Fortschritt" nannten. Der Ausspruch Nietzsches verdient hier herangezogen zu werden: „Die Größe eines Fortschritts bemißt sich nach der Masse dessen, was ihm alles geopfert werden mußte." Der einzige Fortschritt, der in den Augen des spanischen Marqués überhaupt möglich scheint, ist die Rückkehr der Völker zu Gott und eine „religiöse Reaktion" jedes einzelnen in seinem Bereich.

So schreibt er 1851 in seinem „Versuch über den Katholizismus, den Liberalismus und Sozialismus":

„Das neue Evangelium der Welt wird vielleicht in

einem Zuchthaus geschrieben ... Wenn die Welt von diesen künftigen ‚Aposteln' ihr Evangelium erhalten wird, dann wird sie bekommen, was sie verdient.

Diejenigen, die den Völkern den Glauben beibrachten, daß die Welt ein Paradies sein könne, machten es ihnen noch leichter glaublich, daß die Erde ein Paradies sein müsse, wo niemals Blut fließen wird ...

Das Übel liegt in der Illusion, es liegt darin, daß gerade an dem Tag und zu der Stunde, wo diese Illusion von allen geglaubt wird, das Blut selbst aus den Felsen sprudeln und die Erde eine Hölle sein wird.

In diesem dunklen Erdental kann der Mensch nach keiner unmöglichen Glückseligkeit streben, ohne das geringe Glück zu verlieren, das in seinem Bereich liegt."

Cortés rührt an eine Frage, die so alt ist wie die Menschheit selbst. In ihr liegt der Keim aller Tragik der Geschichte beschlossen. Er geht noch weiter, sieht den Gefahren bis auf den Grund, die der neuen, gottlosen Botschaft vom Menschen innewohnen. So fehlt seinen Prognosen für Europa zwar jeder Ansatz einer Lösung der sozialen Frage, aber sie verblüffen durch ihre glasklare Hellsicht. Die Sätze, die er 1842 über Rußland sprach, sind berühmt geworden:

„Ich halte eine Revolution in Petersburg viel leichter möglich als in London ..."

„Wenn die Revolution in Europa die stehenden Heere zerstört hat,

Wenn die sozialistischen Revolutionen den Patriotismus in Europa ausgetilgt haben,

Wenn im Osten die große Föderation der slawischen Völker sich vollzogen hat,

Wenn es im Westen nur noch zwei Armeen gibt, die der Geplünderten und die der Plünderer:

dann wird die Stunde Rußlands schlagen.

Dann wird Rußland, das Gewehr unterm Arm, ruhig in Europa auf- und abgehen können.

Dann wird die Welt dem größten Strafgericht anwohnen, das die Geschichte je zu verzeichnen hatte.

Dieses Strafgericht wird über England ergehen.

Seine Schiffe werden ihm gegen den Koloß, der mit der einen Hand Europa und mit der andern Hand Indien in seiner Gewalt hat, gar nicht helfen, und dieses unermeßliche Reich der Briten wird in Stücke zersplittern, und das Krachen seines Sturzes wird bis an die Pole widerhallen ... "

Vor 150 Jahren mochten solche Worte für phantastisch gehalten werden. Heute würde man sich wünschen, daß sie phantastisch gewesen wären. Die Gefahr ist uns in Hautnähe gerückt, die Cortés damals aufsteigen sah:

„Die Welt geht mit großen Schritten der Errichtung eines Despotismus entgegen, wie ihn die Menschen gewaltiger und zerstörender noch nie erlebt haben ...

Die Wege sind bereitet für einen riesenhaften, kolossalen und universalen Tyrannen.

Es gibt keine Widerstände mehr, weder auf moralischem noch auf materiellem Gebiet.

Auf materiellem Gebiet nicht, weil Dampfschiffe und Eisenbahnen die Grenzen, Elektrizität und Telegraphie die Entfernungen aufgehoben haben; und es gibt keine moralischen Widerstände mehr, weil die Welt uneins und alle Patriotismen erstorben sind ... "

Die Bedeutung Donoscos liegt in seiner Kritik der modernen Zivilisation, die die alte Legitimität zerstört habe und daher nur die Diktatur übriglasse. Er sieht, wie eine Generation später der Dichter Dostojewski, die Entmenschlichung der Massen und das Heraufsteigen einer neuen Führungsschicht dämonischer „Menschheitserlöser". Der Russe sieht den Vorstoß zur johanneischen Liebe und zur freiwilligen Sühne der Schuldlosen als einzige Möglichkeit, das Unheil aufzuhalten, der Spanier die bedingungslose Rückkehr zu den Gesetzen des Glaubens.

Die Vision des Bernhard Clausi

Pater Bernhard Clausi aus dem Franziskanerorden der Minderen Brüder in Rom starb nach heiligmäßigem Leben in Paola im Jahre 1849.

Dem Triumph der Kirche wird ein großes Strafgericht vorausgehen. Dieses wird schrecklich und einzig gegen die Gottlosen gerichtet sein. Es wird ein ganz neues Strafgericht sein, das noch nie stattgefunden hat und auf der ganzen Erde eintreten wird. Es wird so schrecklich sein, daß die, welche es überleben, sich einbilden werden, sie wären die einzigen Verschonten. Es wird plötzlich und von kurzer Dauer, aber schrecklich sein.

Dann kommen der große Triumph der Kirche und das Reich der brüderlichen Liebe. Glücklich, wer in diesen gesegneten Tagen dann leben wird.

Aber vorher wird das Böse solche Fortschritte gemacht haben, daß es scheinen wird, alle Teufel der Hölle seien losgelassen; so groß wird die Verfolgung der Gerechten durch die Bösen sein, daß jene ein wahres Martyrium zu leiden haben werden.

„Die Dinge werden zum Äußersten kommen, wo die menschliche Hand nichts mehr vermag und alles verloren scheint.

Dann wird Gott selbst eingreifen und in einem Augenblick wie vom Morgen zum Abend alles in Ordnung bringen. Die Gottlosen selbst werden bekennen, daß dies alles durch die Hand Gottes geschah. Es wird eine große Plage kommen, furchtbar und einzig gegen die Gottlosen, eine ganz neue Plage, wie niemals eine gewesen.

Sie wird über die ganze Welt hereinbrechen und so grauenvoll sein, daß die Überlebenden meinen werden, alle Menschen seien umgekommen. Dann werden alle Menschen gut und reuig sein. Darauf folgt eine allgemeine Umkehr, der große Triumph der Kirche und wahre Herrschaft der Bruderliebe.“

Mater Alphonsa Eppinger (1814–1867)

Zu Niederbronn im Elsaß geboren, wurde sie später Oberin der Töchter des Göttlichen Erlösers, die sich vornehmlich der Krankenpflege widmeten. Sie war während ihres ganzen Lebens leidend und hatte viele Offenbarungen, über das Papsttum, über die Schicksale der Kirche und der Völker. Von ihrer Umgebung wurde sie gewöhnlich die „Ekstatische" genannt. Ihre Offenbarungen wurden vom Bischof von Straßburg am 31. Oktober 1870 anerkannt. Sie sagte eine große Priesterverfolgung voraus mit dem Bemerken, daß aber im Elsaß alles ruhig bleiben werde, weshalb viele ausländische Priester dorthin flüchten werden; weiter erklärte sie (um 1850):

Viele Geistliche sind im Eifer für die Ehre Gottes und das Heil der Seelen erkaltet; ihr Herz hängt zu sehr an den Scheingütern dieses Lebens. Gott will sie durch Züchtigungen davon losreißen und zur Sinnesänderung bewegen.

Viele vom Weltgeist erfüllte Priester achten nicht auf die Beispiele und Verordnungen des Papstes. Diesem soll ein Ende gemacht werden. In vielen Klöstern kennt man nicht mehr den Geist der Einfachheit und des Gebetes. Man sucht dort nur seine Bequemlichkeit und trachtet die Eitelkeit zu befriedigen. Gott muß gegen solche Mißbräuche wohl ein Heilmittel anordnen, um den wahren Ordensgeist wiederherzustellen …

In ihren Unterweisungen sollen die Priester die übertriebene menschliche Wissenschaft vermeiden, sollen entsagen der Eitelkeit und der Weisheit der Welt und in ihrem Stande die Welt nicht nachahmen.

Es ist schmerzlich, Kirchen und Klöster entweiht zu sehen, allein Gott läßt es zu, um den Stolz und den weltlichen Luxus auszutilgen und alle Dinge zur Einfachheit zurückzuführen.

Rom wird das Blut der Priester fließen sehen!

Paris wird in Flammen stehen.

Die angekündigten Ereignisse sind ganz schrecklich, werden aber auf die Fürbitte Mariens abgekürzt. Vielen werden die Ereignisse die Augen des Geistes öffnen, um zu Gott und zur wahren Religion zurückzukehren. Auf die Fürbitte Mariens sollen die Züchtigungen nicht bloß abgekürzt, sondern auch in barmherzige Strafen umgewandelt werden. Diese Strafen sollen nicht lange dauern, die bösen Zeiten schnell vorübergehen, die Priester zwar hinsichtlich der zeitlichen Güter vieles leiden, aber die Völker sich der Religion wieder zuwenden. Der Glaube wird überall aufblühen und als Früchte Liebe und Eintracht hervorbringen. Gott wird alle Dinge durch die Fürbitte Mariens wieder ins frühere Geleise bringen … Gott wird uns beistehen, wenn jene Greuel ihren höchsten Punkt erreicht haben. Fürchte sie nicht! Die Dinge müssen zu diesem Übermaß kommen.

Jeder Priester wie Laie muß erkennen, daß die Ordnung nicht durch Menschen, sondern nur durch die Mutter Gottes wiederhergestellt werden kann. Daraus wird jedoch ein herrlicher Triumph für die Kirche hervorgehen. Wir sollen aber auch für diejenigen beten, die an der Spitze der Regierungen stehen. Wir sollen selbst diejenigen nicht hassen, die noch jetzt die Ursache des Übels und der Verwirrung sind. Gott wird sich mehrerer aus ihnen bedienen, um das Übel, das sie selbst angerichtet, gutzumachen und den Triumph des Guten herbeizuführen.

Für die Religion werden die Tage des Ruhms und Friedens wiederkehren. Völker, die die Lehren der katholischen Religion nur halb oder gar nicht gekannt haben, werden ihre Gesetze und Gottesverehrung annehmen (…). Nach der allgemeinen Verwirrung werden der Triumph und die Verherrlichung der Kirche folgen.

Die stigmatisierte Helena Aiello, Süditalien, 1954

Schwester Helena Aiello starb 66jährig am 20. Juni 1961 in Cosenza, das 150 Kilometer südwestlich von Tarent in Süditalien liegt. Sie war 40 Jahre lang stigmatisiert, ähnlich wie Therese Neumann von Konnersreuth, und hatte während der Freitagsleiden die Gabe der Gesichte.

Hier sei eine Botschaft vom 16. April 1954 in Auszügen wiedergegeben:

Die Gottesmutter sprach zu Helena:

„Höre genau zu und offenbare es der ganzen Welt: Mein Herz ist traurig ... Die Menschen leben verstockt in ihren Sünden. Der Zorn Gottes ist sehr nahe. Bald wird die Welt heimgesucht mit großen Drangsalen, blutigen Revolutionen, schrecklichen Orkanen und der Überschwemmung durch Ströme und Meere.

Rufe es hinaus, bis die Priester Gottes ihre Ohren meiner Stimme leihen, die Menschen zu warnen, daß die große Strafe sehr nahe ist.

Wenn die Menschen nicht mit Gebet und Buße zu Gott zurückkehren, wird die Welt in einen neuen und schrecklicheren Krieg gestoßen werden. Tödlichste Waffen werden Völker und Nationen vernichten ... In diesem gottlosen Krieg wird viel von dem zerstört, was die Menschen aufgebaut haben. Dann vollzieht sich Gottes Strafgericht. Feurige Wolken mit herniederfahrenden Blitzen am Himmel und ein Sturm von Feuer werden über die Welt dahingehen, eine solch furchtbare Geißel, wie sie in der Menschheitsgeschichte vorher nie gesehen wurde; es wird 70 Stunden dauern. Gottlose werden zerschmettert und beseitigt. Viele werden verlorengehen, weil sie in ihren Sünden verharren. Dann wird man die Macht des Lichtes über die Finsternis erfahren. Bleibe nicht stumm, meine Tochter, denn die Stunden der Finsternis, der Verlassenheit sind nahe.

Ich neige mich über die Erde und halte die Gerechtigkeit Gottes auf. Sonst würden diese Dinge schon jetzt sich ereignen. Gebet und Buße sind nötig, denn die Menschen müssen zu Gott zurückkehren und zu meinem unbefleckten Herzen, zur Mittlerin zwischen Gott und den Menschen. So wird die Welt gerettet werden."

Zweite Botschaft von Karfreitag, dem 8. April 1955:

„Meine Tochter, es ist deine Mutter (die Jungfrau Maria), die zu dir spricht. Höre aufmerksam zu und mache alles bekannt, was ich dir sage:

... Dunkle und schreckliche Tage nähern sich!

Wenn die Menschen nicht umkehren, wird eine furchtbare Feuergeißel vom Himmel über alle Völker der Erde kommen, die Menschen werden nach der Schuld bestraft werden, die sie gegenüber der Gerechtigkeit Gottes auf sich geladen haben. Diese Augenblicke werden für alle schrecklich sein, da sich der Himmel mit der Erde verbinden wird. Alle Gottlosen werden vernichtet werden. Einige Nationen werden gereinigt werden, andere Nationen hingegen werden gänzlich verschwinden."

Aber wann wird dies alles geschehen? fragte Helena. „Meine Tochter" sagte die Gottesmutter, „die Zeit ist nicht mehr fern. Wenn die Menschen es sich am wenigsten erwarten, wird sich Gottes Gerechtigkeit erfüllen.

Meine Liebe ist überaus groß gegenüber den Sündern, und alles setze ich ins Werk, damit sie sich retten. Siehe diesen Mantel, wie groß er ist. Wenn ich nicht über die Welt gebeugt wäre, um alles mit mütterlicher Liebe zuzudecken, so wäre das Ungewitter des Feuers schon losgebrochen über die Völker der Erde. Dies ist der Mantel meiner Barmherzigkeit für alle jene, die reumütig zu meinem Herzen zurückkehren. Siehe! Mit der Rechten halte ich den Mantel, um Sünder zu decken und zu retten, und mit der linken Hand halte ich die Gerechtigkeit Gottes zurück, damit für die Menschheit die Zeit der Barmherzigkeit noch verlängert werde."

Anna Schäffer von Mindelstetten

Aussage von Frau Edeltraud Wuschko, Hauptstraße 14, Mindelstetten, am 28. Januar 1988:

Frau Therese Mayer aus Mindelstetten (“Straßwirtin“), geboren am 4. Oktober 1897, gestorben am 21. Mai 1978, war seit ihrer Heirat Nachbarin zum Forchhammerhaus, in dem Anna Schäffer ihre Leidenszeit verbrachte. Frau Mayer hatte stets einen guten Kontakt zu Anna Schäffer und brachte ihr manchmal auch Lebensmittel. Außerdem besaß sie ein waches Ohr und viel Interesse, wenn Anna Schäffer prophetische Aussagen machte. Anna Schäffer hatte, wohl Anfang der 20er Jahre, für Frau Therese Mayer ein Sofakissen gestickt – in den Farben Schwarz, Weiß und Rot. Bei der Übergabe sagte sie: „Schau her, es kommt einer, der regiert, der diese Farben in seiner Fahne hat (Schwarz-Weiß-Rot). In der Fahne ist ein Kreuz, aber es hat Hakerl (Häkchen). Am Anfang seiner Herrschaft geht es den Leuten gut. Dann fängt er etwas Schlimmes an, das einige Zeit dauert. Aber Mindelstetten wird nichts passieren. Danach kommt eine schwere Zeit, und viele fremde Menschen kommen zu uns, so daß in jedem Haushalt welche sind.

Anschließend kommt eine sehr gute Zeit. Sie dauert ziemlich lange. Den Leuten geht es sehr gut. Dabei werden sie so gottlos, daß sie nicht mehr beten und nicht mehr glauben wollen. Darauf kommt etwas außerordentlich Schlimmes. Drüberhalb wird alles kaputt sein. Aber ich will für Mindelstetten beten und meine Hand darüber halten, daß es verschont bleibt. Aber die Leute müssen viel beten.“

Frau Mayer berichtete, Anna Schäffer habe noch viel mehr gesagt, auch über die Zeit nach diesen schlimmen Ereignissen, aber sie habe es vergessen. Das eben Beschriebene erzählte sie immer wieder.

Von Frau Mayer hat es Frau Wuschko oft gehört.

Die Aussagen von Josef Albrecht aus Hausen

Nach einer Mitteilung von Armin Brunner, Marktoberdorf vom 25. Februar 1995.

Josef Albrecht (Hausname Sattlers Sepp), 1891–1976, aus Hausen bei Bertoldshofen (fünf Kilometer östlich von Marktoberdorf) ist ledig geblieben und hat bei seinem Bruder auf dem Hof gearbeitet. Albrecht war religiös. Bekannt war sein Ausspruch: „Man braucht kein Betbruder sein, aber man soll Gott die Ehre geben, und das nicht erst, wenn es einem schlechtgeht.“ Er war aufgeschlossen, geistig beweglich und ein grundehrlicher Mensch.

Hier eine für ihn typische Vision vor dem Zweiten Weltkrieg: Albrecht ging in Richtung der Kirche von Bertoldshofen, da ging die Kirchentür auf, und wie nach einer Messe kamen die Leute heraus – alles längst Verstorbene Verwandte und Bekannte. Er grüßte mit „Heil Hitler!“ (im Wachzustand unmöglich für ihn!), doch keiner erwiderte den Gruß. Alle sahen ihn nur ernst an. Da schämte er sich fürchterlich. Er ging wieder weg von der Kirche, da sah er plötzlich Hitler, der an ihm vorbei auf der Straße Richtung Westen ging. Albrecht blickte umher; friedlich lag das Dorf im Sonnenschein da. Dann schaute er nach Westen, neugierig, wo denn Hitler hingehe. Da gewahrte er, wie sich eine ungeheuere, pechschwarze Gewitterfront von Westen her rasch näherte. Unbeirrt ging Hitler geradewegs in diese hinein.

Albrecht hatte sehr oft, wenn besondere Ereignisse bevorstanden, Visionen von symbolischem Inhalt, so diese Schau über die Zukunft: Es war schon einige Jahre nach dem Zweiten Weltkrieg, da betete er einmal darum, daß ihm die Zukunft Deutschlands gezeigt würde. Ein paar Tage später hatte er diese Vision: Er sah eine Landkarte von Mitteleuropa, so groß wie eine Hauswand. Dann sah er, daß Deutschland von Osten her angegriffen wurde. Der Hauptstoß ging genau in der Mitte durch, etwa von Hof in Richtung Frankfurt, noch über den Rhein, vielleicht noch ein kleines Stück nach Belgien und Frankreich hinein. Hier war er sich nicht mehr ganz sicher, das Bild verwischte sich etwas. Dann war die Angriffskraft der Feinde gebrochen. Vor allem nördlich der Donau, bis an die Waterkant, werde alles zerstört, die Erde aufgerissen und verbrannt. Nur im südlichen Bayern schien die Sonne. Er sah dies, nachdem das Bild der Landkarte verschwand. Wann das eintreten würde, konnte er nicht sagen, nur daß es nicht im Winter sein werde, das habe er am Bild der Natur gesehen.

Es war die stärkste und erschütterndste Vision in seinem Leben. Er sagte, daß er nicht nur tage-, sondern wochenlang danach völlig verstört war. Er hat sogar angedeutet, daß er darum gebetet hatte, daß ihm so etwas nie mehr gezeigt würde.

Der alte Plagge

Ein Brief aus dem Jahr 1994

Sehr geehrter Herr Bekh!

Die meisten Ihrer Bücher habe ich gelesen. So komme ich dazu, Ihnen eine kleine Prophezeiung mitzuteilen.

Es muß wohl vor gut hundert Jahren gewesen sein. Ein Mann, Plagge mit Namen, ging von Hembergen (eine Bauernschaft 5 km von Emsdetten) nach Emsdetten zur Kirche. (Anmerkung des Verfassers: Emsdetten an der Ems, 24 Kilometer nördlich von Münster in Westfalen.) Unterwegs traf er noch einen Vater mit seinem Sohn. Als er nun so weit gekommen war, wo wir 1949 unser Haus gebaut haben, da sagte er: „Bleib doch mal einen Moment stehen.“ Der andere fragte: „Was?“ Da sagte der Plagge: „Hier ist alles zugebaut.“ Der Andere darauf: „Hier gibt's nichts wie Hecken und Heide.“ (Das nächste Haus von Emsdetten war noch ungefähr zwei Kilometer weiter.) Dann sagte Plagge: „Ich sehe es doch! Lauter schöne Häuser und eine Kutsche, die von selbst läuft.“ Als der Andere das hörte, sagte er nicht „Du spinnst“, sondern: „Komm, laßt uns gehen, sonst kommen wir noch zu spät in die Kirche.“ So gehen sie nun weiter. Da sagt der Andere ganz vernünftig: „Von was sollen die Leute denn leben? So viel gibt es in Emsdetten ja gar nicht zu tun.“ Darauf Plagge: „Die haben viel mehr Geld als wir.“ So kamen sie ungefähr hundert Meter weiter. Da sagte Plagge noch einmal: „Nun bleibt doch noch mal einen Augenblick stehen.“ „Ja, siehst du wieder was?“ Da hält Plagge sich die Arme um die Brust, schaut ängstlich umher und sagt: „Die Häuser stehen alle leer. Da wohnt keiner mehr drinn.“ Ende.

Wenn die Worte gerade wo ich wohne gesagt worden sind, haben sie ein höheres Gewicht.

Herzlichen Gruß! Hochachtungsvoll!

Albert P.; Emsdetten

P. S. D.

Den Plagge habe ich noch gekannt, er wohnte hinter dem Hemberger Damm, starb kurz nach 1. Weltkrieg, ich glaub 85jährig.

Josef Stockert schaut ein riesiges Tier mit Geschwüren und Eiterbeulen

München, Ostern 1947

Der am 13. Februar 1897 in Würzburg geborene Josef Stockert hatte 1947 in München eine eindrucksvolle Schau kommender Ereignisse, die er dann in einer Broschüre eifrig verbreitete. In einem alten Haus wohnte er, nächst dem Piusplatz, auf Berg am Laim zu. Er starb am Herz-Jesu-Freitag, im Oktober 1975. In einem Brief vom 23. August 1947 schrieb er:

An meine lieben Kinder!

Die Gnade des Herrn sei allezeit mit uns!

In jener Nacht vom Ostermontag auf Osterdienstag 1947 hörtet ihr mich weinen und wehklagen –

Ja, Euer Vater weinte und schluchzte.

Ich bin heute noch erschüttert von dem was ich geschaut habe.

Laßt Euch erzählen:

Es war, als wenn alle bösen Geister auf mich einstürmten. Ein Bild des Schreckens mußte ich schauen. Ich sah ein furchtbares Blutbad, das sich in unseren Tagen abspielen wird. Die ganze Nacht war ich wach und konnte mich nicht wehren gegen das, was sich meinen Augen darbot.

Ich sah ein großes Tier. Sein Körper war mit vielen großen und kleinen Geschwüren und Eiterbeulen bedeckt. Als ich näher hinsah, stiegen aus diesen Rauch und Feuerflammen empor. Die Füße des Tieres waren wie gewaltige Tatzen eines Löwen. Mit den Vorderfüßen stand es in Bayern nördlich der Donau und auf der unteren Hälfte Englands. Die rechte Vordertatze hatte ein großes Geschwür. Rauch und Feuer stiegen daraus hervor. Die Hinterfüße standen in Rußland und der Schwanz reichte weit nach Asien hinein. Am ganzen Körper war es blutig. Die Geschwüre leuchteten in rotgelblicher Farbe; ein furchtbarer Gestank kam daraus hervor und sie brannten wie Feuer.

Plötzlich sah ich über Bayern eine Zeitlang den Tod als Knochengerippe schweben. Als die Muttergottes über ihm erschien, mußte er weichen und er schwebte dann über dem Tier und mähte und mähte. Die Muttergottes hielt auf ihrem Arm das Jesukind, das segenspendend seine Hand erhob. Es schaute und zeigte in die Richtung nach Norden, wo der Tod noch immer mähte. Zu Füßen der Gottesmutter wand sich eine Schlange.

In den Fluten der Donau sah ich blutige Köpfe liegen. Das Wasser staute sich und war rot von Blut. Einer der Köpfe lag zur Linken und einer zur Rechten des Donauknies. Die zwei blutigen Stümpfe dieser Hydra schauten noch drohend gegen Süden.

Als ich einen Blick nach Süden richtete, wurde ich von noch größerem Schrecken ergriffen. Dort sah ich einen blutigen Frosch oder vielmehr eine garstige und mit Eiterbeulen bedeckte Kröte. Sie befand sich etwa dort, wo die Stadt Rom ist und schaute gegen Norden, wo das Tier lag.

Westlich des Rheins sah ich einen Mann gegen dieses abscheuliche Tier kämpfen, denn es lag über viele Länder ausgebreitet und drohte deren Völker zu erdrücken. Der Mann kämpfte leidenschaftlich und zäh. Er war von hellem Licht umgeben und in der rechten Hand führte er ein zweischneidiges Schwert. Seine Bekleidung erschien mir ganz anliegend wie die eines Tauchers. Sein Kopf steckte in einem glasartigen Überzug. Seine Gesichtszüge vermochte ich zu unterscheiden: Er trug einen schwarzen gestutzten Schnurrbart. Auf seinem Haupte leuchtete eine Krone, die mir dadurch ganz besonders auffiel, daß das in der Mitte befindliche Kreuz in schräger Richtung stand. Mit beiden Füßen stand er westlich des Rheins.

Plötzlich sah ich im Rhein ein blutiges Haupt liegen, das Wasser staute sich und war rot von Blut. Zwei andere Köpfe, deren Mienen Schmerz und Wut widerspiegelten, spien Unflat gegen den kämpfenden Monarchen aus. Sie glichen Menschenköpfen, trugen einen Bart und zwei Hörner.

Südwestlich des Monarchen sah ich ein helles Licht. Ich konnte nicht unterscheiden, ob es eine Stadt oder etwas anderes war. Aber ich sah dort in der Nähe den Hl. Vater. Außerdem sah ich noch eine große Lichtsäule, die bis in den Himmel reichte. Der Monarch, der noch immer mit dem Tier kämpfte, wurde von dieser Lichtsäule gestärkt. In Zeitabständen sah ich Licht von der Säule auf ihn übergehen, und neue Kraft belebte seine Glieder.

Der blutigrote Frosch, der in Italien saß, umklammerte die Heilige Stadt. Er lauerte ständig auf den Papst und liebäugelte mit dem großen Tier. Der Heilige Vater entkam aber unversehrt aus der Stadt.

Aus dem Rumpfende des Tieres ragten zwei Köpfe, die von Südosten her große Gefahr witterten. Sie sahen sehr grimmig aus. Der Schwanz, der sich bis nach Asien erstreckte, war eingekrümmt und voll Blut. Nach allen Seiten schlug dieser Schwanz und vernichtete alles, was er erreichte. Ich sah hier ein großes Gräberfeld.

Die Muttergottes erschien auf einmal über München. Sie blickte nach Norden, wo das Tier war und der Tod noch immer mähte. Der Tod geriet in das Licht der Gottesmutter, das von Ihr in Ihrer Blickrichtung ausstrahlte. Das Tier lag noch immer ausgebreitet über dem deutschen Land. Seine gewaltigen Tatzen standen sprungbereit. Die Eiterbeulen und Geschwüre an seinem ganzen Körper leuchteten in furchtbarem Rot. Seine Kraft war bereits geschwächt, denn es krümmte sich vor Schmerz. Das Licht der Gottesmutter blendete es und verminderte seine Kampfeskraft. Vor Wut zerstörte es alles, was sich ihm entgegenstellte.

Dann entschwand das Bild vor meinen Augen und ich war froh, es nicht mehr sehen zu müssen.

Nicht spurlos ging es an meiner Seele vorüber. Es hat sich darin eingebrannt. Tagelang war ich von dem Furchtbaren des Geschauten ergriffen.

⋆

Später gab Stockert folgende Erläuterung zu seinen Gesicht:

An jenem Ostermontag 1947 ging ich zeitig zu Bett, denn ich war sehr müde. Es war noch Tag und ich konnte nicht einschlafen. Vor meinen Augen entschwanden plötzlich die Möbel und Wände und ich schaute ins Freie. Die Länder Europas und Asiens lagen ausgebreitet vor mir.

Der Reihe nach ging Stockert noch einmal das Geschaute durch:

1. Das Tier:
Erschreckt sah ich aus den Tiefen des Meeres ein Tier, eine siebenköpfige Schlange emporsteigen. Sie kam aus dem Schlund der Hölle und breitete sich rasch über die vor mir liegenden Länder aus. Bald umklammerte sie den ganzen Erdball und dehnte sich noch immer aus. Ihre Farbe war schmutzig-grau bis grünlich. Sie verkörperte Legionen von Teufeln und Dämonen, die reichlich Nahrung fanden bei den Menschen, die sie fütterten. Der Körper dieser Schlange war mit kleinen und großen Eiterbeulen und Geschwüren bedeckt.

⋆

Unter dem unmittelbaren Eindruck des Geschauten hatte Stockert in seinem Brief angegeben:

Durch die Gnade Gottes erkannte ich, daß die eitrigen Geschwüre, aus denen Rauch und Feuerflammen hervorgingen, große und kleine Städte darstellten. Die großen Städte waren: Moskau, Berlin, London, Rom, Prag und viele andere.

Jetzt gab er eine weitaus distanziertere Erläuterung zu den Geschwüren:

Diese bedeuten kleine und große *Städte*, die stark mit der *Sünde* buhlen.

Rauch und Feuer brachen daraus hervor und ein furchtbarer Gestank verbreitete sich, verursacht durch den Fluch der Sünde: Gottlosigkeit, Lieblosigkeit und Unkeuschheit. Die Geister, die die Menschen rufen, werden sie nicht mehr los; da alle Begierlichkeit der Sinne und die ungeordnete Lust nach Ergötzungen in den Dienst des Tieres gestellt sind. Ihr Gott ist der Bauch. Die Menschen lieben das Tier und beten es an durch ihre Sünden.

Diese Hydra mit ihren Häuptern an den sieben langen und weithinausragenden Hälsen sind Menschen und Führer gottloser und antichristlicher Strömungen. Durch ihren Bart und die zwei Hörner auf dem Kopf sind sie für mich unkenntlich; ihre Richtung aber, die sie vertreten, kenne ich. Es sind: Bolschewismus, Freimaurertum, Verstandesdünkel und falsches Vertrauen auf sich und die Wissenschaft, Materialismus und andere … Rauch und Feuer breitet sich über viele Länder aus, die nach der Katastrophe nicht mehr sein werden.

2. Das Donauknie:
Gemeint ist das Knie bei Regensburg. Links und rechts davon liegt in den Fluten der Donau ein Haupt dieser Hydra. Beide Köpfe wurden abgetrennt von dem weithinausragenden Halse des Tieres … Sie sind Häupter antichristlicher Strömungen. Gottes-Urteil: Rückschlag auf allen Gebieten des Fortschritts, der Wissenschaft und

Technik. Zweitens: Gottes-Urteil über alle Fälscher der wahren Lehre Jesu-Christi. Sie gehen den Weg des Verderbens und reißen viele mit sich in den Abgrund.

Seit Luzifer auf die Erde herabgeschleudert wurde, wird diese von einer geheimnisvollen Finsternis bedeckt.

3. Der blutigrote Frosch:
Schaute ich nach Süden, überkam mich ein noch größerer Schrecken. Ich sah nicht nur das südliche Europa, sondern auch die untere Hälfte der Erdkugel. Ich konzentrierte mich mehr auf die Stadt Rom, die mir besonders am Herzen liegt. Eine ekelerregende, mit Blut und Eiterbeulen bedeckte Kröte umklammerte die heilige Stadt. Sie lauerte auf den Heiligen Vater und liebäugelte mit dem großen Tier. Die Kröte versinnbildet alle gottlosen und antichristlichen Bestrebungen. Ihre Führer machten die schmutzigsten Geschäfte mit dem Heiligen Stuhl. Sie gingen im Schafspelz getarnt beim Papst ein und aus und hinterließen dort dämonischen Schmutz. Alle die kamen und gingen, waren Gesandte des Tieres und suchten ihren Vorteil.

Der Papst war entsetzt über die politische Lage, er weinte und betete ganze Nächte hindurch. Viele Anweisungen des Papstes wurden nicht befolgt oder gelangten unklar und verdreht ins Volk.

Der Heiland ist in seinen wahren Dienern abermals an die Geißelsäule gebunden und muß wieder die entsetzlichen Schläge dulden. In der heiligen Eucharistie wird Er verunehrt und mißachtet.

Stockert gibt hier eine persönlich gehaltene Anmerkung:

Gebrochenen Herzens stehen die gläubigen Katholiken vor der wahren Lehre Jesu Christi, die nun von irregeleiteten Progressisten nur mehr verwässert den Hungernden dargereicht wird. Gott aber ruft: „Ich habe mich nicht verändert!“ Also: Kehret zurück zur Übung der christlichen Tugenden oder ihr werdet allesamt zugrundegehen. Als Katholik fühle ich mich für die Rettung der unsterblichen Menschenseele mitverantwortlich. Ich rufe alle Gutgesinnten, Priester und Laien, auf: Lebet die Liebe Gottes! Haltet fest am Überlieferten! Selbst wenn ein Engel Gottes euch ein anderes Evangelium verkündet, als bisher immer gelehrt wurde (der schmale Weg der Opfer und Entsagungen), so glaubet ihm nicht! (Galater 1,8).

4. Der Schnitter Tod:
Ich sah den Tod als Knochengerippe über viele Länder schweben. Rauch, Feuer, Giftgase und alle technischen Errungenschaften benützte er als seine Werkzeuge. So wie ein Schnitter sein Getreide mäht und Hunderte von Halmen auf einmal zu Boden streckt, so wird der Tod Tausende und Millionen Menschen auf einmal austilgen ... Die Menschen werden in ihrer Angst die Toten beneiden und den Tod als Erlösung betrachten.

5. Die seligste Jungfrau und Gottesmutter:
Die Patrona Bavariae schwebte eine Zeitlang über München. Sie hatte den Tod abgelöst, der durch Bayern nach Norden schwebte. Auch über Bayern sah ich sie mit dem Jesukind schweben.

Die unbefleckte Jungfrau kam an mehrere Orte und wollte eine Herberge finden. Überall, wo sie in Erscheinung trat, wurde sie von Kindern und Erwachsenen mit freudigem Herzen aufgenommen. Sie hatte eine wichtige Botschaft an alle Menschen. Sie kam oft Wochen, Monate und Jahre hindurch und wirkte Wunder, daß auch die Obrigkeit der Kirche glauben möchte. In Deutschland, im Herzen Europas, wollte sie bleiben. Sie weiß, daß besonders Deutschland und Mitteleuropa ihren Schutz nötiger haben, mehr als alle anderen Völker.

Sie forderte die Menschen auf, Buße zu tun für die begangenen Sünden und ihren Sohn nicht mehr zu beleidigen. Sollten sich aber die Menschen nicht bessern, werde ein großes Strafgericht sie züchtigen und viele würden in die Hölle stürzen. Doch alle Mahnungen der Gottesmutter waren in den Wind gesprochen. Die Hohenpriester unserer Zeit waren gegenüber den Aussagen der Kinder zu skeptisch und glaubten ihnen nicht. Durch ablehnende Haltung zeigten sie ihre Menschenfurcht.

Dann trat etwas Furchtbares ein; das Tier setzte zum Sprung auf die seligste, jungfräuliche Mutter an, die nur die Botschaft ihres Sohnes den Würdenträgern mitteilen wollte. Sie aber entwich und schwebte an einen anderen Ort, um sich abermals bei den Menschenkindern zu zeigen. Sie wußte, welche Gefahr ihnen droht und wollte sie retten. Doch nirgends ließ man ihr ein Plätzchen, um abermals ihren geliebten Sohn gebären zu können in den Herzen der Menschen. Sie wollte nur Vorläuferin sein und die Menschheit ihrem göttlichen Sohn entgegenführen ...

Da die Heilige Jungfrau in fast keinem Lande angehört und aufgenommen wurde, hat Gott das Strafgericht bereits festgelegt. Die *Drangsal* wird über alle Völker hereinbrechen, *da sie nicht Buße tun und sich nicht bekehren.*

Als Noe auf Geheiß Gottes die Arche baute, wurde er von seinen Mitmenschen verlacht und verspottet. Heute hat man Schlagworte, wie Schwarmgeister, für jene Christen, die in ihrer Überzeugung an den Botschaften des Himmels festhalten, sie befolgen und die Botschaft der Gottesmutter verbreiten. *Aber genau so wie damals bei der Sintflut* werden die, welche nicht glauben und nicht anbeten und nur Irdisches im Herzen haben, zugrundegehen ... *Die Botschaften der Muttergottes* in aller Welt und die vielen Warnungen des Himmels wurden bis heute weder von den Regierungen, noch von den Häuptern der Kirche ernst genommen. Es ist höchste Zeit; bald wird es keine Regierungen mehr geben, nur noch Chaos.

6. Die Warnung des Himmels an die Menschheit:
Nach der Warnung des Himmels werden die Geister geschieden sein. Es wird nur noch gute und böse Menschen geben. Durch momentane Erkenntnis wird den Menschen die schwere Schuld bewußt. (Die einen bekehren sich, die anderen verhärten sich im Bösen!) Bisher haben sie ihr Gewissen betäubt und sich abgelenkt, nun aber fühlen sie die schwere Last, die auf ihnen ruht. Viele, die in schwerer Schuld stehen, werden von diesen Ereignissen so erschreckt, daß sie sterben werden ...

7. Rauch und Feuerflammen:
Sie sind Zeichen der Vernichtung. Überall in den Ländern, wo sich Rauch zeigte und Feuerflammen, die über viele Erdteile hinkriechen, sind Menschen und ihre Wohnstätten der Vernichtung preisgegeben. Auch in den Überseestaaten wird die Vernichtung groß sein.

8. Der Mann am Rhein:
Die Zeit arbeitet für den großen Monarchen und das neue Europa. Der Unflat, den das Tier gegen den Monarchen schleudert, sind Feindschaft und Haß einiger Völker gegen ihn. Aber Gott ist auf seiner Seite – durch die in den Himmel ragende Lichtsäule wird der Monarch gestärkt.

*

Auszug aus einem Brief an einen Freund vom 7. März 1948:

Unsere Zeit ist die Zeit der Drangsal und der Geißel Gottes. Wenn ich bei der hl. Messe bete, bin ich gleichsam im Geiste hinweggenommen, als müßte ich mit einem Engel, der über fremde Lande zieht, die Greuel schauen, die mir in jener Nacht von Ostermontag auf Osterdienstag 1947 gezeigt wurden.

In vielen Kirchen sah ich die Stufen des Altares befleckt mit dem Blute von hingemordeten Priestern und frommen Personen. Satan ist es, der dieses Werk vollbringen wird, aber die Menschen sind die Werkzeuge, deren er sich bedient.

Wenn ich weiterschaue, sehe ich:

Es werden Tausende von Panzern unser Heimatland überrollen und viele Menschen in Knechtschaft geraten. In den Häusern und auf den Straßen häufen sich die Leichen und niemand findet sich, der sie beerdigt. Seuchen und Krankheiten brechen aus und Hunger wütet in den Eingeweiden der Menschen, die auf Leben und Tod kämpfen. Unsagbares Elend starrt aus den Fenstern der Häuser. Überall klebt Blut.

Schaue ich nach Nordwest, sehe ich die Wasser der Nordsee über ihre Ufer treten und weit die Länder überfluten.

Erhebe ich meinen Geist in die Lüfte, sehe ich, wie Todesengel ausziehen und ihre Giftschalen über die gesamte Menschheit ausleeren. Ganze Völker werden dahinsterben.

Alles unschuldig vergossene Blut schreit um Rache zum Himmel empor.

Die Erde wird aus ihrer Bahn geworfen und die Sonne verfinstert sich. Die Toten, die vielen Gefallenen und Märtyrer unserer Zeit, stehen auf, um den Kampf gegen Satan und seinen Anhang aufzunehmen (dreitägige Finsternis). Wehe den Unbußfertigen, denn auf diese werfen sich die bösen Geister und reißen viele von ihnen mit sich, bis die Teufel durch die mächtige Hilfe unserer himmlischen Mutter verbannt werden. Mit Gottes Hilfe werden die Bestien in die Flucht getrieben. Die Erde, die aus ihrer Bahn geworfen ist, nimmt ihre Bahn wieder auf.

Erst wenn gesühnt ist, werden die Toten beerdigt. Die Sonne leuchtet wieder klar und hell und alle Menschen loben Gott und seine heilige Mutter. Das Licht unserer reinsten Jungfrau wird vom Himmel aus über alle Völker, soweit sie noch am Leben sind, erstrahlen, und sie wird sich vom Himmel aus in ihrer wunderbaren Schönheit zeigen und uns den Frieden verkünden.

Die Menschen sind schwer zu belehren. Sie gewöhnen sich sogar an Drohungen und übersehen die Zeichen des nahenden Unheils. So war es zur Zeit Noes, so war es auch zur Zeit Christi, und so ist es leider auch heute wieder im Zeitalter der aufsehenerregenden marianischen Erscheinungen, Mahnungen und Drohungen. Was sich gegenwärtig an manchen Orten der Welt ereignet, müßte allen Erdenbürgern die Augen öffnen. Aber der blinde Taumel geht weiter, bis das furchtbare angekündigte Strafgericht über die gesamte Menschheit hereingebrochen ist.

Josef Stockert gibt folgende Erläuterung zu seinem Brief vom 7. März 1948:

Wenn ich mich abermals in diese Zeit zurückversetze, drängt sich mir die Erkenntnis auf, daß die Zeit herangerückt ist, wo sich alles erfüllen wird. Die Menschheit hat es bis heute noch nicht begriffen, daß sie vor einem Abgrund steht, den sie nur mit der barmherzigen Hilfe Gottes überbrücken kann. Alle werdet ihr zugrunde gehen, wenn ihr euch nicht zu Gott bekehrt. Sündigt nicht mehr und betet mit euren Familien den Rosenkranz, daß Gott das angekündigte Strafgericht noch einmal abwenden möge. Betet ganz besonders für das Oberhaupt der Kirche, für den Heiligen Vater. Betet für die Bischöfe, daß auch sie ein heiliges Leben führen und nicht zuletzt für die Seelsorger, daß sie immer die richtigen Worte finden mögen. Ihr Heiligen dieser Zeit, die ihr erkannt habt, welch furchtbare Drangsale bald hereinbrechen werden, helft euch gegenseitig die wahre selbstlose Liebe leben, die zu Gott führt, und helft Seelen retten.

1. Altäre umgestürzt und viele Priester tot:

Die Welt ist in *Revolution* und im Chaos, die Liebe zum

Nächsten ist entschwunden und es wütet nur der Haß, den die Gegner Gottes zeigen. Jeder sorgt nur für sich. Priester werden unter sich uneins, selbst Bischöfe wissen nicht mehr, wo aus und ein. Die gegenseitige Achtung ist geschwunden. Altäre werden umgestürzt, die heilige Eucharistie wird geschändet, viele Kirchen demoliert und Gläubige ziehen sich zurück. Mord und Totschlag sind an der Tagesordnung. In den Kirchen wird Blut fließen und die Stufen zu den Altären werden vom Blute hingemordeter Priester und Gläubiger befleckt sein. Natürlich wird es also beginnen.

2. Panzer überrollen Deutschland:
Diese Panzer werden von Osten kommen und mit großer Schnelligkeit gegen Westen fahren. Wo sich ihnen Hindernisse in den Weg stellen, machen sie mit großer Übermacht alles dem Erdboden gleich. In drei Zügen ziehen sie nach Westen, an der Nordsee, nach Mitteldeutschland und im Süden entlang den Alpen, soweit ich mich noch erinnern kann. Vor Angst fliehen die Menschen nach Westen. In Frankreich werden die Straßen von Flüchtenden und von Autos verstopft sein und es wird kein Vor und kein Zurück geben. Männer und Frauen werden gewaltsam ins feindliche Heer einbezogen; wer sich weigert, wird erschossen. O, wieviel Leid kommt nach Deutschland. Viel Blut wird in den Straßen fließen. Lebensmittel und alles, was das feindliche Heer braucht, wird der Bevölkerung enteignet.

Die Panzerzüge der Russen werden bis zum Rhein kommen. Das ganze Land wird wimmeln von fremden Soldaten und jeder wird morden und die Frauen vergewaltigen, wie er will. Das Volk wird weder Eigentum noch sonst etwas besitzen, viele werden keine Wohnungen mehr haben und in Verstecken hausen.

3. Todesengel und ihre Giftschalen:
Erhob ich meinen Geist in die Lüfte, so sah ich Todesengel ausziehen und ihre Giftschalen über die gesamte

Menschheit ausleeren. Ganze Völker werden sterben.

Von Osten her flog über der Nordsee ein Flugzeug gegen Westen. Als es sich England näherte, sah ich, wie aus dem Flugzeug etwas abgeworfen wurde. Das Flugzeug flog mit großer Geschwindigkeit weiter. Gleich darauf erfolgte eine furchtbare Detonation. Das Wasser des Meeres wurde hoch in die Lüfte geschleudert und ich sah unter mir nur noch Gischt und schäumendes, dampfendes Wasser. Weit wurde es ins Land hineingetragen und begrub alles unter sich. Von Land sah ich keine Spur mehr; ich glaubte, es sei untergegangen. Dann sah ich Raketen mit gewaltiger Schubkraft dahinsausen, begleitet von Dämonen und Verwünschungen, um am Zielpunkt alles zu pulverisieren.

4. Übernatürlich wird die Weltkatastrophe enden:
Die große Katastrophe wird *natürlich beginnen und übernatürlich enden.* Denkt daran, was das heißt: natürlich und übernatürlich!

Gott wird selbst eingreifen. Die Erde wird (während des 3. Weltkriegs) aus ihrer Bahn geworfen und die Sonne wird ihr keinen Schein mehr geben: Finsternis auf dem ganzen Erdball 72 Stunden lang. In dieser Finsternis wird kein Licht brennen, außer dem Licht des Glaubens und geweihter Kerzen, das jenen erhalten bleibt, die die Bitte der Gottesmutter treu erfüllt haben. Die wahren Christen werden in dieser Zeit Fenster und Türen schließen und verhängen und sich um das Kreuz und das Bild der seligsten Jungfrau im Gebete versammeln. Sie werden Gott bitten um das baldige Ende der unerträglichen Finsternis. Die geweihten Kerzenlichter erhellen nicht nur die Räume, sondern auch ihre gläubig im Gebet vereinten Herzen. Schauet nicht hinaus und seid nicht neugierig, was draußen vorgeht, sonst müßtet ihr sterben. Wehe den Unbußfertigen, die glauben, mit Gott selbst ihre Rechnung machen zu können. Sie werden von den Teufeln – die wegen ihrer Sündenschuldscheine

Macht über sie haben – in die Lüfte getragen, gequält und bei lebendigem Leibe entseelt. Ein furchtbares Geschrei wird die Luft erfüllen, bis Satan mit all seiner Beute zur Hölle gefahren sein wird (vergleiche Exodus 10, 21; Weisheit 17).

Dann erhellt die Sonne alles wieder mit neuer Schönheit und *es wird nach diesem Siege* mit den Auserwählten *ein Hirte und eine Herde werden.* Die Sünden des Menschengeschlechtes sind wieder durch Märtyrerblut getilgt und der Teufel mit seinem Anhang ist fortan für eine Zeit in die Hölle verbannt. *Zwei Drittel* der Menschheit wird von der Erde genommen sein. Es wird nun eine (fromme und) fruchtbare Friedenszeit (20 Jahre?) sein, bis die Menschen von neuem Gott verlassen werden und der Antichrist auftreten wird.

⋆

Achten wir darauf, wenn der Posaunenschall an unser Ohr dringt; es wird das letzte Zeichen des Himmels an uns Menschen sein. Das Zeichen des Kreuzes wird am Himmel erscheinen und blutrote Strahlen aus den Wunden des gekreuzigten Heilands werden alle Menschen treffen. Ein großer Teil der Menschen wird sich zum Glauben bekehren. Die Guten werden das Zeichen des Heiligen Kreuzes leuchtend auf ihrer Stirne tragen und von Gleichgesinnten erkannt werden. Sie werden sich freuen, daß ihre Erlösung nahe ist. Die Bösen als Anhänger des Tieres werden wie besessen sein und die Christen verfolgen, sie martern und töten. Wehe den Unbußfertigen, sie werden ewig verbannt aus der Anschauung Gottes, die Gerechten aber zur ewigen Freude eingehen.

⋆

Gebenedeit sei das kostbare Blut Jesu Christi!

In der Nacht an Sankt Benediktus, am 21. März 1949, führte den alten Stockert – so gibt er selbst an – „der Geist Gottes“ und ließ ihn folgendes sehen:

Von Osten her kommend floß Blut in Strömen bis an die Grenzen unseres lieben Bayernlandes. Viele Menschen wurden von diesem Blutstrom erfaßt, mitgerissen und sie ertranken jämmerlich darin. – Ein Teil der Ertrinkenden konnte sich festhalten und hoffte, sich auf diese Art zu retten. Andere Menschen, die nicht von diesem Strom erfaßt waren, trampelten in ihrer Bosheit in diesem Blut herum, welches das kostbare Blut Jesu war, und traten es mit Füßen. Dann hörte ich die Stimme des Heilandes, die sprach: „Mit ihren Zungen geißeln sie mich, mit ihrem Werken flechten sie mir die Dornenkrone und mit ihren Flüchen zimmern sie mir das Kreuz.“ Sodann sah ich das Kreuz in seiner ganzen Länge auf dem Bayernlande liegen. Es reichte mit dem Längsbalken von Hof bis westlich von München, wo sich der Kreuzesquerbalken nach nordwestlicher Richtung ausdehnte.

Wird das Kreuz auch in Bayern aufgerichtet und mit seinem blutigen Rot über viele gebrochene Herzen leuchten? Täuschen wir uns nicht! Wie der Tag zur Neige geht und die Nacht über uns hereinbricht, so wird auch Gott seine barmherzige Liebe von den Völkern zurückziehen und seinen gerechten Zorn über die sündige Menschheit ausgießen. Wir haben allen Grund zu beten für diese verdorbene Welt, daß uns Gott noch in letzter Stunde gnädig sei und sich unser erbarme. Treten wir ein für die Sache Gottes und legen wir die Menschenfurcht ab! Erfüllen wir getreu unsere Pflicht in der Familie und somit auch in der großen Völkerfamilie! Erst dadurch gehen wir den Weg der sozialen Gerechtigkeit und Liebe.

München, im Monat des kostbaren Blutes im Jahre 1949.

Erläuterung der Gesichte vom Jahre 1949

Der Geist Gottes schenkte mir die Gnade der Erkenntnis und ich will alles so beschreiben wie ich es erkannte:

Eine große Schar von Christen (ich glaube Tschechen) wurden von gottlosen Soldaten getrieben wie eine Herde Schafe, die man zur Schlachtbank führt. Sie wurden geschlagen, tyrannisiert und zu Tode gequält, weil sie das Tier verachteten und betende Menschen waren. Andere ertrugen diese Torturen nicht und ergaben sich; ihr Los war um so schlimmer, da sie von ihren eigenen Leuten verraten und getötet wurden. Sie mußten einen grausamen Tod sterben. Von der tschechischen Grenze werden sie herkommen, die fremden Soldaten.

Das Kreuz liegt nun schwer auf Bayern. Es wurde geächtet und herausgerissen aus den Kirchen. Deshalb wird es umso schwerer auf jenen lasten, die den Weg ohne Kreuz in die Dunkelheit der Laster gewählt haben.

Am Kreuz ist das kostbare Blut des Herrn geflossen und jeder, der das Kreuz liebt, ist Nachfolger des kreuztragenden Heilandes. Christus hat durch das Kreuz die ganze Welt erlöst. Viele Christen gehen aber heute dem Kreuz aus dem Weg, sie unterlassen das heilige Kreuzzeichen. Sie beugen ihr Knie nicht mehr vor dem Allerheiligsten Sakrament. Wo aber die Ehrfurcht schwindet, ist der Glaube erloschen. Ebenso bezeichnen sich viele nicht mehr mit geweihtem Wasser und dem hl. Kreuzzeichen beim Eintreten und beim Verlassen des Gotteshauses. Gott gibt jedem einzelnen, der das Kreuzzeichen ehrfurchtvoll macht, viele Gnaden. Luzifer weicht vor dem Kreuz zurück. Dem Heiland mag es sehr wehe tun, wenn Seine Kinder sich so gleichgültig zum hl. Kreuz verhalten. Bezeichnet euch gegenseitig mit dem hl. Kreuzzeichen und dem geweihten Wasser, wenn ihr euch besucht! Der echte Christ liebt das Kreuzzeichen und segnet täglich vor dem Schlafengehen die ganze Welt mit dem hl. Kreuz.

In der Liebe zur Gottesmutter und zu Ihrem Sohn liegt unsere Rettung.

Sie ist auch unsere Mutter, das ganze Bayernland wurde Ihr geweiht. Sie ist unsere Fürstin und Landesherrin, die gnadenvolle, reine, unbefleckte Jungfrau. Zum Zeichen der Treue wurde damals das Bild der „Patrona Bavariae“ erhöht auf der Säule am Marienplatz in München. Drängende Herzensliebe des damaligen Volkes zur Gottesmutter veranlaßten Kurfürst Maximilian am 12. Dezember 1637, den Grundstein zur Mariensäule zu legen. In der ganzen Gestaltung der Statue durch den frommen Sinn des Künstlers Hubert Gerhard kam die Liebe des Volkes zu „Unserer lieben Frau“ zum Ausdruck. Sie wurde 1638 feierlich enthüllt und dem gesamten Volke zur Verehrung überlassen. Große Freude war in die Herzen des Volkes eingekehrt. Alle, die zur Verehrung kamen, führten auch ein frommes Leben. Von Hoheit und Würde begleitet, stand sie auf der Säule vor dem Rathaus, den Mond unter den Füßen, die Königskrone auf dem Haupte und den Königsmantel um die Schultern. Zum Zeichen ihrer Macht hielt sie majestätsvoll das königliche Szepter in ihrer Rechten. Auf dem linken Arm ruhte der Gottessohn, der segenspendend seine rechte Hand erhob. Ihr Blick war nach Osten gerichtet und weit über die Stadt schaute sie ins Land hinein. Frühere Generationen kamen in Prozessionen und Wallfahrten zur Landesmutter und legten ihre Sorgen und Bitten in die Hände der liebevollen Herrin. Jünglinge, Mädchen, Männer und Frauen zogen betend mit ihren Kleinen zur Lieben Frau von der Säule und hielten dort ihre Betrachtung. Jeder sah im Nächsten Bruder und Schwester, Ebenbilder Gottes. Heute ist alles anders geworden: Das Volk kommt nicht mehr in Wallfahrten und Prozessionen und die Mutter wird nicht mehr der öffentlichen Verehrung gewürdigt.

Vertrauen wir wieder auf ihre gütige Mutterliebe und kommen wir mit gutem Willen. Sie allein wird uns bewahren vor den drohenden Gefahren, wenn wir unserem eigenen Willen entsagen. Sie ist die Schutzfrau und Landesherrin unseres Bayernlandes, mit ungebrochener Macht tritt Sie Ihren Feinden entgegen.

Nachwort:
Als ich das furchtbare Strafgericht Gottes geschaut hatte, war ich innerlich gebrochen. Es vergingen Tage, Wochen und Jahre und so oft ich an jene furchtbare Nacht dachte, war ich aufs neue gebrochen.

*

Vollständig erschienen Josef Stockerts Visionen 1969 in München. Der Titel der 64 Seiten starken Broschüre lautet: „Josef Stockert: Der mahnende Finger Gottes. Im Zeichen von Rauch und Feuerflammen." Die Publikation ist heute vergriffen. In wesentlichen Auszügen ist diese Prophezeiung im Buch „Der dritte Weltkrieg und was danach kommt" von Josef Stocker, Wien, 3. Auflage 1978, S. 134 ff. abgedruckt.

Mutter Erna Stieglitz

Ein Briefwechsel

Sehr geehrter Herr Bekh! 19. 9. 79
Ihr Buch „Bayerische Hellseher" habe ich mit viel Interesse gelesen. Aber ich darf Ihnen verraten: es gibt viel konkretere Aussagen über den 3. Weltkrieg. Darum möchte ich Sie auf Mutter Erna Stieglitz aufmerksam machen, die in der Nähe von Augsburg gelebt hat und 1975 starb. Über ihre Aussagen werden Sie aufs höchste überrascht sein. Sie stellen all das, was Sie in Ihrem Buch berichten, in den Schatten. Wenden Sie sich einmal – am besten mündlich und recht vorsichtig – an M. I. K. ... in Augsburg. Haben Sie bitte Verständnis dafür, daß ich ungenannt bleiben möchte. Es könnten mir nämlich Schwierigkeiten erwachsen. Ich glaube und hoffe, daß Ihre Nachforschungen recht ergiebig sein werden. Mit diesem Wunsche verbleibe ich mit vielen Grüßen Ihr P. A.

1. Oktober 1979

Verehrte M. I. K.!
Halten Sie mich bitte nicht für zudringlich, wenn ich mich mit einer Bitte an Sie wende. Zunächst kurz ein paar Worte über mich selbst: Ich bin Schriftsteller, habe bis jetzt zwölf Bücher veröffentlicht, darunter den Roman „Die Herzogspitalgasse", den Essayband „Gott mit dir, du Land der Bayern" und die Sammlung „Bayerische Hellseher".

Letzteres Buch war der Grund, daß mir vor einigen Tagen ein nicht genannt sein wollender Leser schrieb, meine Aussagen seien sehr viel weniger konkret, die Hellseherstimmen, von denen ich in diesem Buch berichte, würden gleichsam in den Schatten gestellt von den Aussagen der Mutter Erna Stieglitz (gestorben 1975).

Wie soll ich mich ausweisen, damit Sie mich für vertrauenswürdig halten, verehrte M. I.? Ich kann Ihnen nur versichern, daß ich Katholik bin. Ich lebe mit einer großen Familie auf dem Land – hundertzwanzig Kilometer östlich von Augsburg. Viel lieber hätte ich Ihnen mündlich von mir erzählt – aber aufs Geratewohl die Reise nach Augsburg machen?

So muß ich Ihnen schreiben, auf die Gefahr hin, daß Sie mich mißverstehen. Doch vielleicht lesen Sie aus meinen Zeilen auch heraus, daß ich es ehrlich meine. Es gibt Menschen, die mit der Gabe des Zweiten Gesichts „geschlagen" sind (man muß schon so sagen); das steht für mich außer Zweifel. In der Regel sind Paragnosten religiöse Menschen; man denke nur an den heiligen Bischof Malachias. Ich würde Ihnen völlige Verschwiegenheit zusichern, wenn Sie mir die Aussagen der Mutter Erna Stieglitz auf eine Ihnen gemäß dünkende Weise zugänglich machen könnten. Vor allem spricht die nicht genannt sein wollende Person davon, daß Mutter Erna Stieglitz konkrete Aussagen über den 3. Weltkrieg gemacht habe. Ferner schreibt diese Person: „Ich hoffe und glaube, daß Ihre Nachforschungen – bezüglich Erna Stieglitz – recht ergiebig sein werden."

Darf ich Sie ganz innig bitten, mir zu antworten? Sie würden mich verpflichten, wenn Sie mir für meine Forschungen über Bayerische Hellseher die Aussagen der Mutter Erna Stieglitz zur Verfügung stellen würden. Strengste Diskretion sichere ich Ihnen, solange Sie dies wünschen, zu.
Mit vielen dankbaren Grüßen verbleibe ich Ihr

Wolfgang Johannes Bekh

PS: Kann man sich mit Ihnen fernmündlich unterhalten? Wenn ja, unter welcher Nummer und zu welcher Tageszeit?

Augsburg, 4. Oktober 1979

Sehr geehrter Herr Bekh,
für Ihre freundliche Aufgeschlossenheit Frau Erna Stieglitz gegenüber herzlichen Dank. Ihre Veröffentlichungen sichern Ihnen Vertrauenswürdigkeit zu. –

Doch die Sache hat einen Haken. Das Leben von Frau E. Stieglitz war derart, daß wir sie dem Ordinariat vorgestellt haben, daß ihr im Laufe der Zeit das Prädikat „ehrwürdig", – und, wenn Gott es fügt, später „selig" und „heilig" zuerkannt wird. Eine Verfrühung von Aussagen über sie in weiterem Bereich könnte das Verfahren komplizieren, wenn nicht gar vereiteln. Ich versuchte deshalb, den zuständigen Herrn am Ordinariat, Herrn Dr. B., zu erreichen, doch ist er bis Dienstag, 9. 10., in Urlaub.

Bitte gedulden Sie sich bis dahin; ich bin für präzise Auskünfte nicht allein und selbständig verantwortlich.

Ich wende mich am 9. persönlich oder telefonisch an Herrn Dr. B. und gebe Ihnen dann nochmals Bescheid. Für Ihre Arbeit herzlichen Segenswunsch!

Freundlichst grüßt M. I. K.

Augsburg, 16. Oktober 1979

Sehr geehrter Herr Bekh!
Ich kann Ihnen nun die Einstellung unseres Bischöflichen Ordinariates mitteilen zu der Frage: Zukunftsschau von Frau E. Stieglitz und deren Bekanntgabe in weiterem Kreis.

Zuvor muß ich mich noch berichtigen: Ich nannte Ihnen Herrn Dr. B. als Bezugsperson für diese Frage. Das war ungenau. Wenn ein Verfahren läuft, wie zum Beispiel für Frau Erna Stieglitz, sind mehrere Fäden bei den Entscheidungen ineinander verwoben, und ein einzelner Herr kann auch nicht aus diesem Gefüge „ausbrechen". Daher dürfte auch eine Anfrage an einen einzelnen unserer Herren im Ordinariat ergebnislos sein.

Und nun die Antwort: Eigentlich habe ich dem nichts hinzuzufügen, was ich Ihnen etwa am 6. Oktober 1979 als meine persönliche Auffassung schrieb. Veröffentlichungen über besagtes Thema bedeuten in diesem Zeitpunkt Verfrühungen, die mehr Verwirrung und Schaden anrichten, als etwa Positives bewirken können.

Sehr verehrter Herr Bekh, wenn Frau E. Stieglitz wirklich die Frau mit einem liebevollen Herzen ist, wird sie die Enttäuschung, die Ihnen diese Zeilen bedeuten, mitfühlen, und mit ihrer Fürbitte Ihnen auf einem anderen Gebiet eine Gnade und einen Segen zuwenden, dessen bin ich sicher.

Und in dem Sinn darf ich Ihnen auch ein Memento meinerseits versprechen.

Freundlich grüßt M. I. K.

21. 10. 1979

Ehrwürdige M. I.!
Daß mich Ihr Brief, für den ich Ihnen vielmals danke, enttäuscht hat, vermuten Sie selbst. Wenn ich Ihnen noch einmal schreibe, so geschieht es zunächst, um mich bei Ihnen für die gehabte Mühe zu bedanken. Sodann aber wollte ich Ihnen erzählen, daß ich über die Vorgänge bei Seligsprechungen, deren Ablauf sich über hundert Jahre und länger hinziehen kann, unterrichtet bin, da ich mich der Freundschaft eines Offizialatsrats erfreue, der mit den Seligsprechungssachen des Bischofs Wittmann und der Anna Schäffer aus Mindelstetten befaßt ist.

Die Entscheidung des Augsburger Bischöflichen Ordinariats betrifft nun – wenn ich Sie recht verstanden habe – lediglich die Bekanntgabe der Zukunftsschau von Frau E. Stieglitz in weiterem Kreis. Daß sie einer religiös fundierten Einzelperson nicht mitgeteilt werden darf, davon lese ich nichts in Ihrem Schreiben. Auch kann ich mir nicht denken, daß ein völliges Verschweigen im Sinne der Hauptperson dieser Sache, nämlich im Sinne von

Frau Stieglitz selbst gelegen ist. Hätte sie gewollt, daß kein Mensch von ihrer Zukunftsschau erfährt, hätte sie zweifellos geschwiegen. Nichts wäre ihr leichter gefallen als das. Sie hat sich aber mitgeteilt, und zwar ausführlich und detailliert (nicht anders als andere Heiligmäßige vor ihr; man denke nur an Katharina Emmerich oder an Maria Anna Lindmayr)! Läßt das nicht vermuten, daß sie ihre Worte an die Menschen richtete, vielleicht mit dem dringenden Gedanken einer Aufforderung zur Buße, wie es ja die Gottesmutter selbst schon mehrfach getan hat? Und hätten wir in diesem Fall das Recht, uns über ihren Wunsch hinwegzusetzen?

Ich wäre der letzte, der – meine Ehrfurcht vor heiligmäßigen Menschen ist viel zu groß – einen abträglichen Einfluß auf die Seligsprechungsakte der E. Stieglitz herausforden wollte. Aber haben wir bis zum Eintreffen der von Frau Stieglitz gemachten Zukunftsaussagen wirklich so viel Zeit, um Jahrzehnte oder gar ein Jahrhundert warten zu können? Ich fürchte nein. Ich finde, daß diese Stimme sehr wohl – freilich in richtigem Zusammenhang – in der Öffentlichkeit gehört werden sollte. Es muß ja der Name des begnadeten Menschen, dem diese Prophetenstimme gegeben wurde, nicht genannt werden (wiewohl gemeinhin solche Zusicherung nur lebenden Zeitgenossen gegeben wird). Könnte sich also unter diesen Voraussetzungen die Einstellung des Augsburger Bischöflichen Ordinariats ändern? Oder würde nicht wenigstens mir als Einzelperson Kenntnis von den zweifellos hochbedeutsamen Aussagen dieser Frau gegeben werden können?

Bitte sehen Sie es mir nach, M. I., daß ich Ihnen so viel Mühe und Kummer machen muß. Aber vielleicht läßt sich in dieser Sache, dank Ihrer großzügigen Mithilfe, doch eine gewisse Änderung der amtlichen Einstellung bewirken.

Ich würde, wenn Sie es erlauben, Sie in Augsburg einmal aufsuchen. Mit der Bitte, Sie möchten mir nicht allzu böse sein ob meiner Hartnäckigkeit, sage ich „Pfüa Gott“

als Ihr ergebener Wolfgang Johannes Bekh

Augsburg, 23. 10. 1979

Sehr geehrter Herr Bekh!
Vielen Dank für Ihre ausführlichen Darlegungen. Ich hatte nochmals Gelegenheit, in dieser Sache beim Ordinariat vorzusprechen und erhielt wieder den Bescheid, den Sie bereits kennen. Ich denke, daß die Geistigkeit einer Anna Schäffer, die ich persönlich sehr schätze, und eines Bischofs Wittmann nicht die gleichen Voraussetzungen bietet für eine frühzeitige Veröffentlichung, wie die von Frau Erna Stieglitz, der Verfrühungen schaden können. Wenn man einige Zusammenhänge hat, kann man sich dem Urteil unseres Ordinariats nur anschließen.

Was mich persönlich betrifft, bin ich nicht die „persona grata“ am Ordinariat, „penes quam iudicium est et potestas“ (“die angesehene Person, in deren Macht Richterspruch und Amtsgewalt liegen“ – Anmerkung des Verfassers), als Frau und Institutsmitglied in gleicher Weise mehr auf Zurückhaltung verwiesen.

In Sachen Frau Erna Stieglitz führt das Gespräch mit dem Ordinariat der Priester und Germaniker Herr Sp. in E.../Schweiz. Bitte wollen Sie sich an diesen Herrn wenden, falls Sie Fragen oder Anregungen haben.

Ich darf Sie freundlich grüßen und Ihnen Gottes Segen wünschen für Ihre Familie und Ihre schriftstellerische Tätigkeit.

M. I.

NS. Was einen Besuch bei mir betrifft: zu mit menschlichem Austausch bin ich erbötig, – doch werden Sie sich von mir nicht viel erwarten dürfen. – In Sachen Fr. E. Stieglitz muß ich ihr und ihrer Gruppe gegenüber loyal sein und darf sie nicht durch voreilige Äußerungen in den

Verdacht des Pseudomystizismus bringen. –
Bitte, verstehen Sie das!
Danke! M. I.

3. 11. 1979

Verehrte M. I.!
Vielen Dank für Ihren neuerlichen Brief und Ihren weitern Versuch in der Sache Erna Stieglitz. Sicher ist es Ihnen recht, wenn ich Sie in dieser Hinsicht nicht weiter bedränge. Deshalb, um jede diesbezügliche Gefahr auszuschließen, will ich Sie auch nicht sofort besuchen, sondern dann einmal, wenn ich ohnehin wieder nach Augsburg komme. Dies kann allerdings noch einige Zeit dauern. Ich würde mich zuvor kurz bei Ihnen anmelden. An H. H. Sp. werde ich mich wenden. Mit freundlichen Grüßen und nochmaligem Dank verbleibe ich

Ihr ergebener Wolfgang Johannes Bekh

Ergebnisse:

Mutter Erna Stieglitz lebte nicht, wie im ersten, anonymen, Brief (ängstlicherweise) angegeben, „in der Nähe von Augsburg", sondern in Augsburg selbst, wie in Erfahrung gebracht werden konnte, am Judenberg, wo sie im Krieg und nachher unermeßlich viel Gutes tat, Heimkehrer und Flüchtlinge bei sich aufnahm, ihnen zu essen und ein Dach über dem Kopf gab.

In Stichworten seien die weiteren mühevollen Nachforschungen des Verfassers mitgeteilt: Die fernmündliche Anfrage bei Frau L. – wo Herr Sp. wohnen oder gewohnt haben soll, wenn er sich in Augsburg aufhält – erbrachte ein Gespräch mit Herrn z. K., der seinerseits auf einen Herrn F. in München aufmerksam machte. Dieser verwies wiederum auf Herrn Sp. Der Kreis schloß sich.

Kurzum: Niemand kann helfen. Man hat den Eindruck, daß es eine geheime Absprache des völligen Stillschweigens gibt. Und man versteht auch diese Haltung.

Die Angst vor einer gegen die Kirche gerichteten Brunnenvergiftung durch die Boulevardpresse ist nach zahlreichen einschlägigen Beispielen begründet. Satan bemächtigt sich, wo er kann, der Federn feiler „Aufklärer". Vielleicht also erklärt sich dieses Schweigen aus dem Bestreben, der guten Mutter Erna Stieglitz nicht zu schaden. Aus Klostermauern und aus einem verschlossenen Seligsprechungsakt dringt nichts in die Welt – gottlob muß man sagen. Daß es noch Bezirke gibt, die der Öffentlichkeit entzogen sind, wirkt beruhigend auf einen Schriftsteller, der es seit eh und je beklagt, daß heutzutage alles, aber auch wirklich alles *öffentlich* ist. Bedauerlich bleibt in diesem Fall nur, daß die zweifellos bedeutsamen Beschreibungen der Details des „Dritten Weltgeschehens", die diese Seherin gegeben hat, nicht als Warnung der betroffenen Menschheit bekanntgemacht werden können.

Es gab dann auch noch einen Brief an den Oberhirten der Diözese Augsburg und einen Briefwechsel mit beiden unmittelbar in der Seligsprechungssache von Mutter Erna Stieglitz tätigen Herren.

In allen zwei, ungefähr gleichlautenden, Briefen des Verfassers wurde folgendermaßen argumentiert: „Allmählich muß ich mir, nach dieser Odyssee, wie ein Detektiv oder Illustrierten-Rechercheur vorkommen (bitte verstehen Sie diesen Vergleich!), der sich etwas Verbotenes zu erschleichen trachtet und nicht wie ein bewahrender, altbayerischer, katholischer Dichter, der einen ersten kurzen Essay über eine mutmaßliche Heilige schreiben will. Es entzieht sich meiner Kenntnis, aus welchen stichhaltigen Gründen gerade das Leben von Mutter Erna Stieglitz mit dem Mantel des undurchdringlichen Geheimnisses umgeben wird, so daß jeder Gefragte buchstäblich zusammenzuckt, wenn man den Namen auch nur ausspricht. Ich machte jedenfalls mehrmals schon die Erfahrung dieses Erschreckens. Es entzieht sich auch meiner Kenntnis, aus welchen Gründen (sicher ebenfalls stichhaltigen) auf Zeugnisse, die zugunsten der Seligsprechung dieser Frau doch nötig sein dürften, insofern verzichtet wird, als kein Mensch von ihrer Existenz erfahren darf. Was Mystik sein kann, lernte ich aus den Annalen der Münchner Servitinnen, in die ich selbstverständlich Einblick bekam. Das Ergebnis meiner Forschungen ist nachzulesen in einem Essay des Buches: ‚Gott mit dir, du Land der Bayern' und in meinem Roman: ‚Die Herzogspitalgasse'. Ich war glücklich, als ich mich mit den Visionen und Meditationen der Servitinnen beschäftigen durfte."

Die Auskünfte waren hinhaltend, das Ergebnis blieb spärlich. Geburtstag und -ort von Erna Stieglitz und auch die Art ihres Liebeswerkes an den Menschen waren (vorläufig) nicht zu erfragen. Immerhin hieß es in einer der Antworten (derjenigen aus dem Augsburger Ordinariat): „Am Gründonnerstag 1980 erfolgte durch den Bischof von Augsburg die kanonische Errichtung der pia unio ‚Christus lumen gentium' (Erna Stieglitz-Vereinigung). Weder der Hochwürdigste Herr Bischof noch das Bischöfliche Ordinariat noch meine Wenigkeit besitzen irgendwelches Aktenmaterial (Briefe, Aufzeichnungen, Vorträge usw.) aus der Hand von Erna Stieglitz. Die diesbezüglichen Unterlagen, in die ich nur im Zusammenhang mit der Errichtung der pia unio Einsicht nehmen konnte, befinden sich bei der Leitung der genannten Vereinigung (H. H. Sp.)."

Und noch ein anderer Eindruck drängte sich auf: Daß es nicht nur Angst vor der Boulevardpresse ist, was zu einer „Mauer des Schweigens" in Sachen Erna Stieglitz führt, sondern darüber hinaus Bedenken angesichts der Genauigkeit, mit der Erna Stieglitz das Dritte Weltgeschehen beschreibt: Man will Panik vermeiden. Der Hauptgrund für dieses Schweigen – M. I. ging ja schon darauf ein, als sie vor der Gefahr eines „falschen Mystizismus“ warnte – ist allerdings wohl eher in der Verbannung der Mystik aus der nachkonziliaren Kirche zu suchen. Es muß nämlich vermutet werden, daß man nicht nur den Pseudo-Mystizismus vermeiden will, sondern die Mystik schlechthin, zu der die Kirche kein Verhältnis mehr hat. Obwohl der Glaube ein einziges Mysterium ist, hat man den verbalen Hinweis – bezeichnenderweise – aus den Wandlungsworten herausgenommen und sich dem Zeitgeist gebeugt.

Es wird vergessen, daß, angefangen beim Alten Testament mit den prophetischen Büchern bis hin zu den Aussagen Jesu und der Geheimen Offenbarung Johanni, Visionen über die Zukunft zur Heiligen Schrift und zu allen heiligen Büchern gehören. Die Anpasser an die Welt, die in dem Jahrzehnt nach 1962 auch in der Katholischen Kirche den Ton angaben, wollten „Clarté“. Was ist die Folge? Der Zulauf zu östlichen Meditationskursen, die Nachfrage nach östlichen Religionen. Sogar Kirchenleute wissen offensichtlich wenig von *unserer eigenen Mystik* und öffnen unseren Kult indischer Innerlichkeit.

Es gäbe keine Zeile über die Visionen der Anna Katharina Emmerich, über das mystische Leiden der Anna Schäffer, über den Kreuzweg Bischof Wittmanns, über die Wundmale Christi am Leib der Resl von Konnersreuth, über das jahrzehntelange Siechtum der Maria Beatrix Schuhmann, hätte die Kirche schon früher gläubigen Schriftstellern ihrer Zeit verwehrt, über solch beispielhafte Menschen zu schreiben.

Die harte Haltung in puncto Erna Stieglitz wird nicht verständlicher dadurch, daß die Katholische Kirche in den letzten Jahren Stellung um Stellung geräumt hat. In einem Brief, der dem Verfasser zur Kenntnis gebracht wurde, schrieb ein deutscher Philosophieprofessor an einen bayerischen Grafen am 10. Februar 1976 von seinen Sorgen um die Kirche. Diese Zeilen passen recht gut zu den Gesichten der Erna Stieglitz:

„Habe ich die Kirche doch wegen ihrer fast zweitausend Jahre vertretenen überzeitlichen Lehre der Offenbarung als etwas Übernatürliches hoch verehrt. Mit einem Mal paßt sie sich dem geistig-kulturellen Auflösungsprozeß an, gewinnt dadurch keinen Ungläubigen, sondern verliert unwahrscheinlich viele Gläubige, die nicht austreten, aber, wie fast all meine Bekannten, indifferent geworden sind. Ich kann nur sagen: Heil Moskau! Viele junge Geistliche sind ja gar nicht mehr überzeugte Katholiken. Mein Schüler Prof. H. nahm an einer Theologentagung in Tübingen teil und, als er von Wahrheit und Unsterblichkeit sprach, wurde er von den Professoren und Theologiestudenten laut ausgelacht! Die meisten Bischöfe sind zu feige, dagegen anzugehen. Aber das wirklich gläubige Seminar in Econe wird verboten. Das Christentum gilt nicht mehr als eine göttliche Stiftung, sondern als historische Erscheinung. Es ist erschütternd. Philippus Neri hat das ja schon 1560 gesehen ... "

Kein Zweifel, Mutter Erna hat Visionen gehabt. Über die Gabe der Präkognition wissen wir aus dem Buch „Bayerische Hellseher" (Aussage von Prof. Hans Bender, Freiburg), auch aus diesem Buch und aus zahlreichen anderen Untersuchungen, daß es sie gibt. Das Kampfgeschehen mitten in unseren bayerischen Landen sah Mutter Erna aufs genaueste vor ihrem inneren Auge abrollen.

Es gibt nun nicht nur Schriften der Erna Stieglitz, es gibt auch mündliche Aussagen dieser gottseligen Frau, die auf dem Umweg über mehrere Mittelspersonen, welche namentlich auf keinen Fall genannt werden dürfen, dem Verfasser in Andeutungen und begreiflicherweise nicht im originalen Wortlaut bekanntgeworden sind.

Aus der Stille ihrer Kammer schaute diese Frau den Untergang der Welt. Es folgen die Aussagen:

Der Stand der Technik öffnet zum ersten Mal die Möglichkeit, die ganze Welt von einem Machtzentrum aus zu beherrschen. Während im Westen Bequemlichkeit und Weichheit, Wohlstand und Luxus obenan stehen, *bereitet sich der Osten vor*, erzieht zur Entbehrung, stählt seine Völker, sorgt für Nachwuchs und Waffen.

Nach den Gesetzen der Militärstrategie stärkt Rußland seine Flanken, bevor es in der Mitte, daß heißt gegen Westeuropa, vorstößt. Es muß an den Flanken unverwundbar sein. Die Südflanke heißt: Afghanistan, Persien, Irak, Türkei, Griechenland, Jugoslawien. Die Nordflanke heißt: Finnland, Schweden, Norwegen, Dänemark.

Bis zur bayerischen Grenze wird eine russische Weitspurbahnlinie herangeführt.

In einem Sommer, wahrscheinlich im Monat Juli, wenn die Erdölregion bereits in ziemlich festen russischen Händen ist, erfolgt der Angriff aus dem Osten auf die Süd- und Nordflanke, auf die Türkei, auf Griechenland, auf Jugoslawien und auf Skandinavien. Gegen Ende Juli stoßen die östlichen Angriffskeile blitzartig gegen Westeuropa vor. Anfang August werden die eingedrungenen Panzerarmeen in Mittelfrankreich, vermutlich um Lyon, und wenig später bei Ulm vernichtet.

Mitte August greifen russische Eliteeinheiten Alaska an. In Europa kommt es zum Abwurf einer radioaktiv strahlenden „gelben Wand“.

Prag wird zerstört. Ungefähr um dieselbe Zeit werden die Panzereinheiten des Nordkeils in Westfalen eingekesselt und fast völlig aufgerieben. Die Russen sind in Westeuropa in die Verteidigung gedrängt. Als Rache erfolgt der atomare Gegenschlag gegen alle Städte der USA. Gleichzeitig schlagen die USA atomar zurück. Weite Teile Rußlands und die letzten Raketensilos werden zerstört. Als Folge dieser Ereignisse kommt es in Rußland zu einer Gegenrevolution, die das bisherige System stürzt. Im September gibt es den letzten verzweifelten Versuch russischer Unterseebooteinheiten, Europa atomar zu verwüsten. Bei diesem Angriff werden viele französische und deutsche Städte in ein Flammenmeer verwandelt.

Um ins einzelne zu gehen: Auf die blitzartige Besetzung aller militärischen Basen in Skandinavien folgt ein zweiter Flankenangriff gegen die Türkei. Dort und in Persien finden Panzerschlachten statt. Der Russe bemüht sich, möglichst rasch durch den Balkan zur Adria vorzudringen. Der Mittelangriff gegen Westeuropa erfolgt in drei gewaltigen Stoßkeilen. Der erste wird aus dem Raum Stettin – Berlin nach Lübeck, Hamburg und in die Niederlande vorstoßen. Der zweite aus dem Raum Sachsen und Dresden ins Ruhrgebiet. Der dritte Stoßkeil wird aus Böhmen nach Bayern hereinbrechen und zum Oberrhein streben. Eine unvorstellbare Masse von Panzern rollt an den Bergketten der Schweiz vorbei bis hinunter nach Lyon. Die Truppen der Nato sind auf einige wenige Verteidigungsräume zusammengedrängt. Die meisten Gebiete sind von der Roten Armee längst überflutet und besetzt. Die Verteidigungsräume heißen: Ruhrgebiet und Niederlande, sodann Bayern, die Alpen und die Schweiz, sowie das südfranzösische Rhonegebiet. Außerdem wird es Verteidigungsräume geben in Oberitalien, am Balkan, in der Türkei.

Der Angriff der Ostarmee in Europa wird gebrochen – mehr noch, die russische Armee wird vernichtend geschlagen. Rußland verliert allein in seinen Heersäulen sieben Millionen Menschen, ein hoher Blutzoll für ein Volk, das eben in Massen vom Dialektischen Materialismus abgefallen war und wieder zu glauben begonnen hatte.

[Zum Vergleich diene eine Aussage von Nostradamus: „Die Niederlage des Angreifers erfolgt nach dem Sieg des Löwen im Löwen." Es wurde dieses Wort in der einschlägigen Literatur (z. B. von Rudolf Putzien) ausgelegt als: Der Bayerische Löwe hält stand und siegt, wenn die Sonne im Tierkreiszeichen des Löwen steht, also in der

Zeit zwischen Mitte Juli bis Mitte August. Schwere Kämpfe toben um Augsburg, Nürnberg und Basel.]

Paris wird von den Franzosen (den aufständischen) selbst in Brand gesteckt. Der Papst muß aus Rom fliehen, wohin er nach zweihundert Tagen wieder zurückkehrt.

Die katholischen (mit den Augen der ehemaligen Sowjetunion „reaktionären") Länder haben in diesem letzten Kampf eine entscheidende Aufgabe. Bayerische und österreichische, schweizerische und französische Truppen werden nach den Vernichtungsschlachten bei Lyon und Ulm nach Norden vorstoßen, um sich an der Schlacht gegen die dort eingekreisten russischen und preußischen (gemeint ist die zum Zeitpunkt der Gesichte noch bestehende DDR) Verbände zu beteiligen.

[Ein lang gehegter Gedanke drängt sich dem Verfasser in diesem Zusammenhang auf: Die „Spaltung" Deutschlands in Süd und Nord ist eigentlich keine Spaltung, sondern ein uraltes Zweierlei aus Roma und Germania. Dieses Zweierlei von Süd und Nord brach wieder auf durch Luther und den Dreißigjährigen Krieg, der Bayern und Österreich nach Rom zurückverwies. Und auch die sogenannte Ost-Westspaltung nach dem Zweiten Weltkrieg ist im Grund eine nur nicht ganz konsequent durchgeführte Süd-Nord-Spaltung. Im Süden jedenfalls liegen die Länder Bayern und Österreich, die mehr als je vorher zur Wiederherstellung des alten Großbaiern herausfordern. (So weit der Einschub des Verfassers.)]

Von den aus Süden heraufkommenden, entscheidend eingreifenden Truppen ist in den ältesten Prophezeiungen schon die Rede. Während die Schlacht bei Lyon das Schicksal Frankreichs wendet, erfüllt sich in der Schlacht bei Ulm das Schicksal Bayerns und Österreichs. Die dritte und größte Schlacht, diejenige in Westfalen, bestimmt das Schicksal ganz Europas.

Die nach Europa eingedrungenen östlichen Verbände werden durch eine westliche Blitzaktion von ihren Nachschubbasen abgeschnitten. Im Rücken der vorgedrungenen Armeen des Ostens wird ein „gelber" Vorhang heruntergelassen. Ob es sich um eine radioaktive Strahlenwand handelt? Man kann es sich nicht anders erklären, da es über diese Wand hinweg kein Vor und Zurück mehr gibt, außer durch den Tod hindurch. Erst gegen Ende dieses verhältnismäßig kurzen Krieges kommt es zum Duell mit Atomwaffen. Und schließlich zum totalen atomaren Krieg. Seine verheerenden Auswirkungen entziehen sich jeder Beschreibung.

Die Aussagen von Mutter Erna Stieglitz über den Bayerischen Wald und die Oberpfalz decken sich weitgehend mit denen Alois Irlmaiers. Südlich der Donau gibt es vereinzelte atomare Explosionen, hinter der Grenze am unteren Inn fürchterliche Zerstörungen, ebenso am Oberlauf der Donau. Teilweise bis in die oberbayerisch-salzburgischen Alpen herein kommen die Osttruppen über Österreich und Jugoslawien. Bei Ulm gibt es eine gigantische Kesselschlacht gegen die Ostarmee, die ihren Südkeil der Donaulinie entlang zur Schweiz und nach Mittelfrankreich vorgetrieben hatte.

Die Hauptgefahr für das Gebiet, das ungefähr von den Städten Mindelheim und Altötting, Pfaffenhofen und Weilheim begrenzt wird, also für den mittelbayerischen Raum, besteht in den Zerstörungen, die Terrorismus, Plünderung, Brandstiftung, Mord- und Totschlag anrichten. Das Faustrecht kehrt wieder, Gesetzlosigkeit, Chaos! Hungernde Großstädter werden zu Räubern an den Bauern! Bewaffnete Banden ziehen durchs Land, Fanatiker, Mörder, Psychopathen, Mob. Es ist ein nie vorher, außer vielleicht im Dreißigjährigen Krieg, dagewesener Schrecken! Und endlich dann die atomar verursachte Giftwolke, die auch hier ein Drittel der Menschheit dahinrafft!

Schon in den ersten Tagen der Kämpfe wird der elektrische Strom ausfallen. Schlagartig wird alles wieder von

Hand gemacht werden müssen. (Was das bedeutet, davon bekam man im Zusammenhang mit der südbayerischen Schneekatastrophe am 24., 25. und 26. April 1980 einen winzigen Vorgeschmack.) Kein Elektroherd funktioniert mehr, kein Kühlschrank, keine Tiefkühltruhe, keine Waschmaschine, keine Geschirrspülmaschine, kein Radiogerät, kein Fernsehapparat, keine Wasserpumpe, keine Zentralheizung, keine Melkmaschine, keine Metzgerwaage, keine Kühlung im Schlachthof und beim Wirt, keine Benzinzapfsäule, kein elektrisches Licht, kein Aufzug, keine Bahn, von Schreibmaschinen, Rechenmaschinen, Computern zu schweigen.

Auf der anderen Seite gibt es kein Stangeneis mehr und keine Menschen, die melken können, gibt es keine Ackerpferde und keine Ochsen, gibt es keine Feuerherde und keine Waschküchen mehr. Und doch: Die Schwierigkeiten des Melkens, Kochens und Heizens werden auf dem Lande bewältigt. Nicht in den Hochhäusern der Städte. Dort bricht alles zusammen.

Das Wasserproblem ist fast unlösbar. Es fahren jedenfalls des Kraftstoffmangels wegen keine Tankfahrzeuge zur Wasserversorgung mehr durch die Straßen. Und auch auf dem Land: Wohl dem, der noch nicht an ein zentrales Wassernetz angeschlossen ist! Handbrunnen sind gefragt wie in den Wochen vor dem Ende das bare Gold.

Was am allermeisten auffällt: Niemand ist auf die Katastrophe vorbereitet. Weder der Staat noch der Einzelne. Dabei hätte man dreißig oder fünfunddreißig Jahre lang Zeit gehabt, sich auf das einzustellen, was kommt. Obwohl die Endlichkeit des Luxus auf der Hand lag, glaubte niemand so recht daran. Am Schluß werden sich die Maßnahmen überstürzen – zu spät.

Aber noch ist es nicht so weit! Noch herrscht (nicht nur im Osten) der Teufel; auch im Westen hat er seine irdische Herrschaft angetreten. Die Sünde der Hoffahrt wird riesig, die Sünde, daß alles Machbare gemacht wird.

Und leider: Teuflische Profitgier zerstört nicht nur die westliche Halbkugel, sondern die ganze Welt. Der Tanz ums Goldene Kalb hat neu begonnen; die Götzen sind selbst gemacht! Die westlichen Teufelsboten sind mit Orden und Ehrenzeichen behangen und haben die Stirn, sich auf die christliche Nächstenliebe zu berufen. Es geht aber nicht darum, wie sie behaupten, einen Notstand zu beseitigen, sondern die Verschwendung zu drosseln. Und das wird gut gelingen! Der Übergang zu einer sparsameren, aber deswegen nicht unglücklichen Lebensweise wird kommen. Das Gehwerkzeug wird wieder hoch im Kurs stehen. Entfernungen wird niemand mehr zu überwinden haben. Es wird wieder Menschen in enger Nachbarschaft geben und außerhalb ihrer Städte Natur. Aber bevor es soweit kommt, werden die Helfer und Helfershelfer der Atomindustrie betrogene Betrüger sein. Es ist nämlich durchaus möglich, daß einige der größten Atomexplosionen, die Mutter Erna Stieglitz voraussah, von der sogenannten friedlichen Nutzung der Kernenergie herrühren. (Ein einziges sogenanntes „Kompaktlager“, das von einem einzigen Terroristen binnen Minuten zu zerstören ist, setzt eine Strahlung von 3 Tonnen Plutonium frei, die ein Gebiet im Umkreis von 150 bis 200 Kilometer unbewohnbar macht.) Mit Reklame, Verschwendung und Luxus, mit „Verhütung“, Abtreibung und Ausschweifung, mit Glaubenslosigkeit, Wohlstand und Lüge wird es dann vorbei sein. Ehrlichkeit und Härte, Keuschheit und Kindsgeburten, Not und Gottesfurcht regieren wieder die Stunde. Nur Völker ohne Bedürfnisse werden leben.

Beten wir, beten wir, beten wir. Nur noch unser Gebet kann die Strafe lindern, kann den Übergang von der Schuld zur Sühne mäßigen. Dennoch darf nicht Untergangsstimmung bei uns Einlaß haben, soll sieghafte Hoffnung uns durchdringen, Hoffnung auf die Heiligung unseres Lebens. Denn in der Flamme wird Erz geläutert.

Nachtrag zum gottseligen Leben der Mutter Erna Stieglitz

Geboren wurde sie am 9. Oktober 1894 in Augsburg. Nicht nur ihre Kindheit war von Verzichten geprägt, auch ihr ferneres Leben: Kaum war sie verheiratet, verlor sie im Ersten Weltkrieg den Gatten. Zuerst mit ihrer Mutter zusammen und nach deren Tod allein betrieb sie am Judenberg ein „Lädele", in dem es, wie das die alten kleinen Läden so an sich hatten, alles gab, mehr noch, in dem es Menschlichkeit gab, Trost, Ermunterung, Zuflucht.

In ihrem kleinen Haus gründete Mutter Stieglitz eine Volksküche und eine Nähstube, in der sie für die Armen nähte, sie half kranken Familienmüttern, die sich keinen Rat mehr wußten, gründete ein regelrechtes caritatives Hilfswerk und stellte ihre Wohnung für die Büroarbeit zur Verfügung. Ja sogar den Speicher ihres Hauses ließ „Mutter Erna", wie sie immer genannt wurde, ausbauen, ließ Waschgelegenheiten einrichten und zwölf Betten aufstellen, damit die Familienpflegerinnen immer verfügbar waren. Schließlich gründete sie, aus demselben Antrieb, das kleine Altersheim St. Joseph in Augsburg-Hochzoll. Die Kraft für ihr caritatives Hilfswerk holte sie sich aus dem Gebet im Geiste des heiligen Franziskus; in seinen 3. Orden trat sie ein. Mit den Englischen Fräulein, dem Institutum Beatae Mariae Virginis, stand sie in enger Verbindung. Sie starb am 15. April 1975. Begraben liegt sie auf dem Hermannfriedhof in Augsburg. Auf ihrem Grabstein stehen die Worte: „Es lebe Christus der König und seine heilige Mutter. Halleluja." Auf ihrem Sterbebild heißt es: „Suchet zuerst das Reich Gottes und seine Gerechtigkeit, alles andere wird euch dazugegeben werden."

Gespräch mit dem Publizisten Carl Ludwig Reichert am 25. Januar 1979 über die Prophezeiungen des Malachias

Mitschrift einer Rundfunkaufnahme

Motto: Nach alter Volksmeinung wird sich die Regensburger Einwohnerschaft vor der kriegerischen Katastrophe des „Dritten Weltgeschehens“ in die Mauern des Domes flüchten.

Frage (Reichert):

Warum stellen Sie einen Zusammenhang zwischen ökologischen Problemen, unserer Umweltzerstörung überhaupt, und dem Inhalt von Prophezeiungen her?

Antwort (Bekh):

Weil ich finde, daß der Raubbau an unserer Umwelt, die Zerstörung unserer Lebensgrundlagen in einem engen Zusammenhang mit künftigen Katastrophen stehen. Man fragt sich, was schlimmer ist, die Katastrophen, die wir uns friedlich bereiten oder diejenigen, die unter Umständen kriegerisch auf uns zukommen.

Frage:

Was ist die Ursache dafür, daß es soviele Berührungspunkte zwischen den Aussagen der verschiedenen Hellseher gibt? Warum sagen sie letztlich alle dasselbe?

Antwort:

Vielleicht, weil das was kommt, ein und dasselbe ist.

Frage:

Wie stehen Sie zum Wahrheitsgehalt dieser Gesichte?

Antwort:

Zu vieles Vorausgesagte ist eingetroffen, zu oft ist der Wahrheitsgehalt nachprüfbar gewesen, als daß man grundsätzlich zweifeln dürfte. Sicher ist nicht Hellseher gleich Hellseher. Da gibt es Scharlatane und Geschäftemacher. Schon Lichtenberg spottete: „Mit dem Wahrsagen kann man Geld verdienen, nicht mit dem Wahrheit sagen!" Aber daß es die Gabe der Präkognition, der Schau in die Zukunft gibt, unterliegt keinem Zweifel.

Frage:

Besteht die Gefahr, eigene Ansichten in die Aussagen der Hellseher hineinzuprojizieren?

Antwort:

Ich glaube nicht, weil man ja gern Hoffnungsvolleres erführe, als man tatsächlich erfährt. Und warum sollte ich, wenn mir ein Paragnost die Zerstörung New Yorks beschreibt, noch eigene Gedanken einflechten? Ich habe keine Gedanken dazu.

Frage:

Die dreifache Weltzerstörung: Atlantis, Sintflut und die kommende Katastrophe. Wie stehen Sie zur Theorie, daß es da Parallelen gibt?

Antwort:

Ich glaube, daß es große Katastrophen gegeben hat und daß die nächste immer größer war als die vorangegangene. Von der Warte des Weltschöpfers aus gesehen lag ihnen allen ein Gedanke zugrunde, den Goethe einmal treffend Eckermann gegenüber aussprach. „Klüger und einsichtiger wird die Menschheit werden", sagt Goethe, „aber besser, glücklicher und tatkräftiger nicht."

Frage:

Wie lauten die Prophezeiungen des Propheten Malachias?

Antwort:

Der heilige Malachias Bischof von Armagh in Irland, starb 1148 auf einer Reise in Clairvaux, im Kloster seines Freundes Bernhard. Dieser Bernhard berichtet, daß Malachias die Gabe der Weissagung besaß. Jahrhundertelang hören wir nichts von einer solchen Prophetie. Sie wird offensichtlich immer nur mündlich weitergereicht;

erstmals liegt sie schriftlich als Abdruck in einem Buch des Benediktiners Arnold de Wion ("Lignum vitae", Venedig 1595) vor. Wion schreibt, er teile die Prophetie, die mit Sicherheit vor 1595 entstanden ist, „auf vielfaches Verlangen" mit. In einer 1973 erschienenen Veröffentlichung glaubte Hildebrand Troll aus verschiedenen mehr oder weniger einleuchtenden Gründen nachweisen zu können, daß die Malachias-Prophetie wahrscheinlich vom heiligen Philipp Neri (1515 bis 26. 5. 1595) stamme, der seit 1544 in hervorragender Weise die Gabe der Herzenserkenntnis, ja sogar der Bilokation besaß.

In der Malachias-Prophetie werden 112 Päpste mit charakterisierenden Denksprüchen belegt, aus denen das Schicksal des Papstes und seiner Zeit hervorgeht. Bis jetzt ist die Übereinstimmung zwischen Prophetie und Wirklichkeit frappierend. Besonders jene Denksprüche, die bei Erscheinen des Buches noch in der Zukunft lagen, sind überraschend tiefsinnig. Sie bezeichnen unverkennbar das innere Wesen der Päpste, der Kirche und der Zeit.

Pius VI. (1775–1799) Peregrinus Apostolicus

Apostolischer Wanderer (Pilger, Fremdling). Reiste 1782 zu Kaiser Joseph nach Wien und zu Kurfürst Karl Theodor nach München. Kam später als Gefangener nach Florenz, Parma, Turin, Briançon und Grenoble. Starb in Valence.

Pius der IX. (1846–1878). Crux de cruce – Kreuz vom Kreuze. Er lebte im Konflikt mit dem Hause Savoyen, das ein Kreuz im Wappen trug.

Pius X. (1903–1914). Ignis Ardens – Brennendes Feuer – erlebte den Ausbruch des Ersten Weltkrieges. Seit seiner Heiligsprechung 1954 taucht diese Devise, die ihn so gut charakterisiert, in allen seinen Lebensbeschreibungen auf.

Benedikt XV. (1914–1922). Religio depopulata – Religion ohne Völker: Unter ihm gab es eine Entchristlichung durch Weltkrieg und Russische Revolution.

Pius XI. (1922-1939). Fides Intrepida – Unerschrockener Glaube. Bekenner- und Märtyrertum ist in den totalitären Staaten des Bolschewismus, Faschismus und Nationalsozialismus gefordert.

Pius XII. (1939–1958). Pastor Angelicus – Engelgleicher Hirte. Alte Prophezeiungen sprechen schon von einem engelgleichen Papst.

Johannes XXIII. (1958–1963). Pastor et nauta – Hirt und Seefahrer: Bezieht sich auf das Patriachat von Venedig.

Paul VI. (1963–1978). Flos Florum – Blume der Blumen. Er hatte drei Lilien im Wappen.

Der Papstweissagung des heiligen Malachias zufolge wird es nach Paul VI., dem 109. Papst, nur noch vier weitere Stellvertreter Christi in Rom geben. Schon die Tatsache, daß die stattliche Reihe römischer Päpste überhaupt als Institution ein Ende nehmen würde, läßt für die nahe Zukunft außerordentliche religiöse und weltpolitische Ereignisse erwarten.

Johannes Paul I. (1978). De Medietate Lunae – Vom halben Mond. Dieser Papst kommt aus dem Patriarchat Venedig. Bis vor nicht allzulanger Zeit rätselte man herum: Bedeutet die Zuschreibung ein Gegenpapstpaar oder hat sie etwas mit der Bekehrung der Mohammedaner zu tun? Seit der Wahl dieses Papstes weiß man es: Zur Zeit des sensationell kurzen Konklaves, am 25. August 1978, aus dem er hervorging, war Halbmond. Aber noch eine andere, viel einleuchtendere Erklärung gibt es: Johannes Paul I. hieß mit vollem Namen Albino Luciano. Gemeinhin sprach man vom „Luciano-Papst". Luna ist das lateinische Wort für Mond. Also war der halbe Mondname Lu- in seinem Schreibnamen enthalten!

Johannes Paul II. (seit 16. 10. 1978) De Labore Solis – Von der Verfinsterung der Sonne. Karol Wojtila, geboren am 18. Mai 1920 in Polen, ist der starke Mann aus dem Osten. De labore solis heißt auch „Sinken, Entschwinden, Arbeit, Mühe, Plage der Sonne". Vielleicht erlebt er die von vielen Sehern angekündigte dreitägige Finsternis, verursacht durch Atomschlag, eine neuartige chemische Waffe oder ein kosmisches Ereignis. Über den Papst, der bei Ausbruch des dritten Weltkriegs in Rom waltet, heißt es bei Nostradamus: „Der große Hund wird die ganze Nacht hindurch heulen, wenn der Papst das Land verlassen wird." Alois Irlmaier, der schlichte Brunnenbauer, faßt die Papstvisionen zusammen: „Im Stiefelland bricht eine Revolution aus, und alle Geistlichen, auch weißhaarige Greise, sind in Gefahr, ermordet zu werden. Ich sehe hinter dem Heiligen Vater ein bluttriefendes Messer. Aber dem Papst gelingt in letzter Minute die Flucht – nach Südosten oder übers große Wasser." Eine Prophezeiung aus dem Jahr 1850 spricht von der weltweiten Erneuerungsaufgabe eines 21. Konzils nach Beendigung des großen Kriegs. Vielleicht erlebt der Nachfolger dieses Papstes den Frieden unter seinem Symbol:

Gloria Olivae – Glorie des Ölbaums.

Dies könnte auf die Bekehrung Israels zum Glauben an Jesus Christus, den menschgewordenen Sohn Gottes – vgl. Röm 11, 12; Lk 21, 24; Zach 12, 3 f –, hindeuten.

Den Schluß der Papstliste des heiligen Malachias bildet ein einziger Satz: In persecutione extrema sanctae Romanae Ecclesiae sedebit Petrus Romanus, qui pascet oves in multis tribulationibus: quibus transactis civitas septicollis diruetur, et Judex tremendus iudicabit populum suum. Finis.

Die Übersetzung lautet: „In der letzten Verfolgung der heiligen römischen Kirche regiert Petrus der Römer, der seine Schafe weidet in vielen Trübsalen: Wenn diese vorbei sind, wird die Siebenhügelstadt zerstört, und der schreckliche Richter wird sein Volk richten. Ende."

Auffallend an dieser Weissagung, die immer mehr vom Unwesentlichen ins Wesentliche vorstößt, ist vor allem, daß der Seher seinem letzten Papst den Namen „Petrus" gibt, einen Namen, den bisher noch kein Papst anzunehmen gewagt hat. Aber es will wohl gesagt sein, daß mit dem letzten Papst sich ein Kreis schließt, daß das Papsttum so enden müsse, wie es anfing: im Zeichen des Martyriums.

Frage:

Wie würden Sie die Zukunft schildern, wenn Sie ein Hellseher wären?

Antwort:

Die entscheidende Antwort: Ich bin kein Hellseher! Ich kann also nicht prophezeien, sondern nur vermuten. Meine Vermutungen können Irrtum sein. Ich vermute, daß gegen die Katastrophe, die kommt, alle Schneekatastrophen, Dammbrüche und Schiffsuntergänge ein Kinderspiel waren. Ich vermute, daß Pumpbrunnen, Kachelofen, Sonnenenergie und Windrad zu Ehren kommen. Ich vermute, daß Nostalgie auf eine sehr harte Weise Wirklichkeit wird. Aber: Dum spiro spero – solang ich atme, hoffe ich.

Der Bauer aus dem Waldviertel

Vorbemerkung: Dem Verfasser sei es gestattet, von der Regel abweichend, im folgenden, seinem Erlebnisvorrat angehörenden Kapitel zur Ichform zu greifen.

Eines Tages erhielt ich den Brief eines mir bis dahin Unbekannten, der sich für das Buch „Bayerische Hellseher“ bedankte; er habe darin, schrieb er mir, weitgehend seine eigenen Erfahrungen bestätigt gefunden. Er sei selbst mit dem Zweiten Gesicht begabt. Zum Beweis fügte er seinem Brief eine Reihe Briefduplikate bei und bereitete mich auf seinen Besuch vor. Die Briefe seien mitgeteilt, allerdings ohne Nennung des Schreibers, da er mir nur unter der Voraussetzung, daß sein Name ungenannt bleibe, die Erlaubnis zur Veröffentlichung gab. Ich nenne ihn stattdessen mit der Bezeichnung seiner Tätigkeit und Herkunft: Der Bauer aus dem Waldviertel. Beachtlich ist in diesem Zusammenhang, daß die Heimat dieses Mannes ebenso nah an der böhmischen Grenze liegt wie die Heimat Stormbergers, nämlich 30 Kilometer entfernt, und daß er sich, der Gemeinsamkeiten dieser Landschaften Oberpfälzer Wald, Bayerischer Wald, Böhmerwald, Mühlviertel und Waldviertel bewußt, gern auf der bayerischen Seite des böhmisch-bayerischen Waldes, in Zwiesel und Rabenstein, aufhält. Seine Sprache ist einfach und fehlerhaft.

Briefe und Fragen

„Herrn
Prof. DDr. Andreas Resch 16. 3. 1976

Sehr geehrter Herr Professor!

Vor kurzem las ich das Buch ‚Prophezeiungen bis zur Schwelle des 3. Jahrtausends‘. Es handelt sich da um eine bemerkenswerte Sammlung prophetischer Weissagungen.

Die Deutungen sind aber nur zum geringsten Teil richtig. Außerdem fehlen viele Aussagen, die eine solche Deutung zuließen.

Ich kenne diese Ereignisse vorwiegend aus der Sicht, wie ich sie selbst erleben werde bis in die Zeit nach der Vernichtungsschlacht. Das teilte ich bereits 1967 Herrn Prof. Hoffmann, Wien, mit. Diese Wahrnehmungen hatte ich hauptsächlich im Alter von 21 Jahren, ab 1959. Bis sich so manches nebenbei Gesehene ereignete und mich überzeugte, kam mir das aber unglaubwürdig vor, obwohl ich gleich erkannte, daß das keine Träume waren.

Das Wichtigste:

Die Überschwemmungen im Mittelmeergebiet werden durch A-Waffenzündungen in großer Höhe über der Adria, von Norden beginnend, hervorgerufen. Die Erschütterungen sind bei uns deutlich spürbar. New York wird unerwartet bereits zu dieser Kriegszeit durch kleine Sprengsätze, die sehr nieder explodieren, zerstört. So entsteht der Eindruck, als würden die Häuser von einem ‚heftigen Sturm' weggeblasen. Im Explosionsherd sah ich nichts „Feuerartiges". Es dürfte um die Mittagszeit (Ortszeit) sein. Ich sah alle Einzelheiten klar und außergewöhnlich deutlich. Bei uns (Österreich) gibt es zu der Zeit noch keinen Krieg. Wie die Meldung von der Zerstörung erstmals im Rundfunk durchgegeben wurde, wollte ich gerade eine Kleinigkeit essen gehen. Überall wurde darüber heftig und aufgeregt diskutiert. Bei uns ist etwa frühsommerliches Wetter.

‚Die Sterne fallen wie die Blätter', das bezieht sich auf ein Ereignis, dessen Ursache ich nicht genau kenne, das sich aber nach eigenem Erlebnis so beschreiben läßt: Ich stand bei schönem Wetter in unserem Ort mit mehreren Leuten, die ich zum Teil erkannte. Wir schauten etwas erwartend gegen den Himmel. Da schien sich die Sonne zu verdunkeln. Alle glaubten, sie sähen die Sterne.

Dabei handelte es sich in Wirklichkeit um eine Art

Glut wie Millionen weißglühende herabfallende Leuchtkugeln die, sich über gelblich, dann rötlich färbend, im Osten beginnend zu Boden fiel. Wo sie auftraf, verbrannte fast alles Brennbare. In der Reihenfolge: Das Getreide, der Wald, Gras und viele Häuser. Wir löschten was wir konnten. Nachher schaute ich um mich: ich sah, soweit ich blicken konnte, nur Rauch aufsteigen. Zu dieser Zeit gab es bei uns noch kein Kriegsgeschehen.

Bereits vor der Endschlacht wird es bei uns wegen der stets wechselnden Front kaum ein Haus geben. Diese findet am Beginn hauptsächlich zwischen den kommunistischen Verbänden und China, vorwiegend mit sehr beweglichen Panzern, in und um die CSSR statt. Es sah so aus:

Ich war mit einigen Leuten in einem mit Holz erbauten Erdbunker. (Es handelt sich sicherlich um denjenigen, den wir in größter Eile bereits vor Kriegsbeginn errichteten.) Es tobte eine riesige Panzerschlacht vom Raum Wien-Krems in Richtung Schrems-Gmünd. Ich hörte mich sagen: „Jetzt geht das schon zum drittenmal so, was soll da noch übrigbleiben." Nachher gab es fürchterliche Kämpfe in der CSSR. Ich erkannte auch die mageren, haßerfüllten Gesichter der Angreifer.

Einige Zeit, (die ich nicht genau bestimmen kann) später: Es dürfte Abend sein. Wir vernahmen im Bunker heftige Erdstöße und Explosionen aus W-NW. Ich schaute vom Eingang in diese Richtung. Da war die Hölle los. Ich sah am Horizont in der Ferne im Rauch und Feuerschein der ununterbrochen erfolgenden Explosionen weißgelbe Lichtblitze. Ich sagte mir: Mein Gott, da möchte ich nicht sein. (Es dürfte sich da um den Einsatz taktischer A-Waffen handeln.)

Da erfolgte eine gewaltige, kurze weißgelbe Explosion, deren Feuerpilz von W- über WNW reichte. Gleich darauf schoß eine alles überragende, eruptionsähnliche, qualmende, schwarzrote Feuersäule empor. Hoch oben, sicherlich über der Atmosphäre, gab es noch gewaltige

Feuerwirbel. Sie reichte von WNW- fast N. Die Erde bebte. Ich wurde in den Eingang geschleudert, und konnte wegen der Erschütterungen kaum Halt finden. Vielleicht wurde ich bewußtlos. Nachher verbrachten wir eine lange Zeit im Erdbunker. Es war fast nichts wahrzunehmen. Wir besprachen, wie dringend wir draußen benötigt würden. Wir blieben aber drinnen, obwohl die Tür nicht verschlossen war.

Bei übersinnlichen Wahrnehmungen wußte ich noch niemals, was ich bzw. die anderen in jener Zeit denken werden, was vorher war, und aus welchen Motiven gehandelt wird. Ich sehe und höre, und weiß, was ich will oder was andere machen wollen. Dabei dachte ich immer so, wie ich zur Zeit der Wahrnehmung dachte. Warum mache ich dies oder das – es ist doch ein Unsinn. Das brachte mich anfangs öfter in einen leichten Zwiespalt über künftige Handlungen, dessen Motive ich ja noch gar nicht kannte.

Später ging ich mühevoll in Richtung S-SW. Die Orientierung fiel mir schwer; es gab kein Haus, keinen Baum, weder einen Strauch oder Halm. Alles war mit Trümmern und Felsbrocken übersät. Nicht einmal Ruinen fand ich, wo früher Häuser waren. Irgendwo sah ich einen schwächlichen alten Mann sitzen. Nachher so etwas wie einen Raumgleiter oder eine Lenkrakete; sie war von einem moderneren Flugobjekt wahrscheinlich deutscher Nationalität abgeschossen worden.

Das Nächste: wir kamen in ein wahrscheinlich südlicheres Gebiet – es gab schon wieder Sträucher, aber kaum Gras. Wir bauten uns davon Hütten, aber nicht mit hängendem Geflecht, wie die der Eingeborenen tropischer Gebiete und die der Buschmänner (wasserabweisend), sondern mit querliegendem Geflecht. (Sicher gibt es zu der Zeit keinen Regen.) Uns waren dabei mehrere Personen. Anschließend machte ich Jagd auf Eßbares. Es waren vorwiegend Eidechsen oder ähnliche Tiere.

Ich kann mich nicht erinnern, daß wir an ein größeres Gewässer gekommen wären oder daß wir einmal sehr gefroren hätten. Die erste riesige Explosion ist sicherlich von einer oberirdischen Massenzündung atomarer Sprengsätze, die zweite nicht. Es könnte eine geologische sein, oder vielleicht eine Massenzündung von A-Waffen in Böhmens Kohlebergwerken. Etwa nach der Parole der totalen Vernichtung.

Ich möchte einmal sehr gerne mit Menschen sprechen; die ebenfalls solche Wahrnehmungen hatten. Vielleicht könnten Sie, verehrter Herr Professor, welche ausfindig machen? Bitte, bringen Sie meinen Namen nicht unverändert in der Öffentlichkeit mit dem Wissen um diese Ereignisse in Zusammenhang.

Herrn
Prof. DDr. Andreas Resch 3. 5. 1976

Sehr geehrter Herr Professor!

Was ich Ihnen im letzten Schreiben mitteilte, war nur ein sehr kleiner Teil meines derartigen Wissens. Ich weiß keinesfalls alles. Worüber ich zum Beispiel bisher kaum Klarheit finden konnte, das ist die Frage, wie weit manche Ereignisse von hier entfernt sind. Worum es bei dem Krieg in Südosteuropa geht. Wer daran beteiligt ist. Es ist ein Gewirr. Er beginnt in der Nähe der Adria und endet in der Türkei. Dabei werden die ersten größeren A-Waffen eingesetzt. Auf den Feldern bei uns sah ich zu der Zeit kaum Vegetation. Die Menschen im übrigen Europa sagen sich da noch erleichtert: Na, Gott sei Dank nicht bei uns!

Seit jeher wohne ich unmittelbar am Rande des ehemaligen Truppenübungsplatzes Döllersheim. Während der Besatzungszeit waren dort -zigtausende Russen aller Volksgruppen stationiert. Ich wuchs in deren Gegenwart auf und kenne deswegen ihr Aussehen, ihr Verhalten, ihre Mentalität."

Noch benommen vom Geschauten gibt uns der Briefschreiber diese bedrückende Schilderung:

„Ende der fünfziger Jahre hatte ich eine Einzelvision. Ich sah die Russen wieder hier einziehen; sie nisteten sich am Übungsplatz ein und verschanzten sich nachher auf den östlich und südlich vorgelagerten Hügelketten. Sie erschienen mir dabei außergewöhnlich hektisch und gereizt. Mir fielen bei ihnen keine sonderlich neuen Waffen auf. An größere Kampfhandlungen konnte ich mich bei uns nicht erinnern.

Mir fielen damals gleich die großsprecherischen Reden beim Abschluß des Staatsvertrages ein. – Dieser bedeutete ja für uns erst das Leben. Ich sagte mir damals: Was machen die Russen wieder da, was haben sie hier verloren? Wir haben doch den Staatsvertrag! Wo bleiben die Amerikaner? Niemand schert sich, niemand kümmert sich darum. Ich denke dabei immer so, wie ich zur Zeit der Wahrnehmung denken würde und nicht so, wie beim Eintreten des Erlebten.

Einmal nahm ich wahr, daß wir den Erdbunker bauten. Manche Gespräche, die wir dabei geführt haben, merkte ich mir lange Zeit genau. Ich sagte mir dazu wörtlich: So ein Unsinn, es ist doch Frieden, wie kann man da so einen Bunker bauen?

Später einmal standen wir bei Tage unruhig am Bunkereingang und schauten aufgeregt in die Richtung, in der ich die Russen in Stellung gehen sah. Es war die Richtung Langenlois – Krems. Es war von dort starker Kampflärm zu hören. Der Vormarsch schien da etwas ins Stocken geraten zu sein. Bei uns war noch nichts zerstört. Es folgten dann wiederholt länger dauernde Beschießungen mit konventionellen Waffen, bei denen viele, auch mir nahestehende Personen den Tod fanden. Einige hatte ich leider vergeblich vor bestimmten Gefahren gewarnt. Der

Ahnung entnehmend, gibt es im Kremser Raum viele Tote.

An den kometenhaften Aufstieg Chinas glaubte nicht nur ich nicht so recht. Deswegen zweifelte ich lange Zeit an der Identität der Menschen mit den vielen kleinen flinken Panzern, die den heutigen so überlegen sind wie ein Maschinengewehr einem Vorderlader. Daraufhin schaute ich mir alle Menschen asiatischer Herkunft sehr genau an.

Von diesen Panzern, von diesem mondfähreähnlichen Fluggerät, das ganz frei im Raum stehen kann, sowie von der Art wie es Lenkwaffen zerstörte, erzählte ich bereits im Jahre 1967 Herrn Prof. Hoffmann.

Dieses mondfähreartige Gefährt war mit einer „blitzeschleudernden Maschine" ausgerüstet. Es ist das die einzige wirklich überlegene Waffe des Westens. Sie bewahrt Deutschland vor der totalen Niederlage. Mit ihr können auch Lenkwaffen der zweiten Generation – impulsweise erfolgender Antrieb, Steuergerät versehen mit Zufallsgenerator; so entsteht ein völlig unlogischer Flug wie er sonst nur Mücken eigen ist – sicher bekämpft werden.

Ich wußte zwar nichts Genaues von einem Bürgerkrieg in Italien und Frankreich, dafür aber von einer erdrückenden Bedrohung aus diesen Ländern gegenüber dem deutschen Sprachraum. Auch Amerika ist auf die Dauer nicht zuverlässig.

Erscheinungen, die ich nicht selbst erleben werde, sah ich bisher eher verschwommen. Bei der Zerstörung New Yorks sah ich hingegen Einzelheiten, die man mit dem Auge niemals wahrnehmen könnte. Es war auch die Lauffolge um ein Vielfaches langsamer. Ich sah diese Stadt in allen Einzelheiten. Da fiel ein dunkler Gegenstand auf einer sich stets krümmenden Bahn von oben herab. Gebannt starrte ich diesen Körper an, bis er barst. Zuerst waren es Fetzen, dann lösten sich auch diese auf. In diesem Moment begriff ich noch immer nicht, was geschehen war. Der erste Sprengkörper explodierte einige Häuser weit hinter einem größeren, mit der Breitseite am Meer stehendem Haus, die anderen Häuser standen, vom Meer aus gesehen, etwas südlicher dahinter.

Die Häuser fielen nicht um oder in sich zusammen, sondern sie wurden meist als ganze, sich nur wenig neigend, vom Explosionherd weggeschoben. Sie zerrieben sich dabei förmlich von unten her. Von vorne hatte es den Anschein, als würden sie näherkommend im Erdboden versinken.

Als ich wie üblich vom Hof aus gerade eine Kleinigkeit essen gehen wollte, kam erstmals diese Meldung im Radio. Das könnte, wie ich es für möglich hielt, zur Mittagszeit sein (Ortszeit). Wenn man aber bedenkt, daß es im Frühsommer sehr zeitig hell wird, könnte das auch in den Morgenstunden sein. Bei uns konnte ich da noch keinerlei Kriegseinwirkungen erkennen. Folglich muß dieses Ereignis viel früher eintreten als bisher angenommen wurde. Den Reden nach zu schließen, müßte es ein Bravourstück eher psychopathischer Gegner sein.

Bei dem im vorigem Schreiben erwähnten Kampf in der CSSR werden erstmals in sichtbarer Weite von unserem Ort in nordnordöstlicher Richtung massiert stärkste Nuklearwaffen eingesetzt. Es dürfte in der nördlichen CSSR sein. Es ist zur späteren Abendzeit. Bis zum dunkelroten Feuerpilz gibt es viel Rauch. Erstmals bekommen viele Menschen wirklich Angst, der Erdball könnte das einfach nicht aushalten. ‚Sie sollen doch endlich aufhören, es gibt ja ohnehin nichts mehr auf der Welt.‘

Der radioaktive Niederschlag dürfte in unserer Gegend nicht so stark sein wie beim letzten Einsatz. Dieser Kampf wird hauptsächlich zwischen China und Rußland ausgetragen.

Die A-Waffeneinsätze über den Meeren gelten den Flottenverbänden.

Die Richtlinien des Zivilschutzes sind geradezu lächerlich.

Der Mann, den die Deutschen am Ende des Krieges zu ihrem Kaiser machen, hat als Schulbub noch Hitlers Reden gehört.

In S.-SSÖ.-Richtung, in bewaldeter, leicht bergiger Gegend bei oder in einem eher verfallenen Haus, sah ich im Zusammenhang mit anderen miesen kleinen Greueln folgende Szene:

Ein Mann, etwas dunkler Haarfarbe, mittleren Alters, war mittels eines Strickes, mit dem Rücken in Richtung Westen, an eine Säule oder Ähnliches gefesselt. Zwei etwas jüngere Männer gingen vor ihm umher und sprachen mir nicht Verständliches. Es herrschte eine gespannte, unfreundliche Atmosphäre. Mir schien es, als wollten sie ihn erpressen. Der Mann rührte sich aber nicht. Sie quälten ihn auch mit einem Messer oder Ähnlichem. Der Mann blieb stumm. Da ging der Mann mit dem etwas längeren blonden Haar auf ihn zu, erschoß ihn, drehte sich um und ging. Es waren nur Menschen europäischen Typs zu sehen. Leider konnte ich das noch mit nichts in Zusammenhang bringen. Gibt es genaue Berichte über den Mord, der dem Krieg vorausgehen soll?

6. 9. 1976

Sehr geehrter Herr Backmund!

Obwohl mich meine Gesichte oft völlig durcheinander brachten, sprach ich bis vor kurzem außer mit meinem Hausarzt mit niemandem darüber. Bisher fand ich diese Gesichte nicht so brennend, weil ich eine Reihe Erlebnisse kenne, die vorher eintreten. Ich bin nicht, wie es sicherlich auch oft von anderen Sehern fälschlich behauptet wird, religiös ‚belastet', eher ein Realist. Nur kenne ich eben etwas, das den meisten Menschen unerklärlich erscheint.

Bis Sommer oder Herbst 1975 wußte ich nichts von einer derartigen Literatur. Da las ich ganz zufällig in der

Buchecke einer österreichischen Tageszeitung einige Abschnitte aus Friedls Buch ‚Prophezeiungen aus dem bayerisch-böhmischen Raum'. Da erkannte ich sofort, daß es sich um das Gleiche handelt, wie ich es sah. Aus meiner realistischen Einstellung, und zum Teil weil ich von Schwindeleien hörte, schenkte ich bis dahin allem ‚Prophetischen' keinen Glauben. Vor noch nicht zwei Jahren sagte ich, wie einmal zufällig von diesem Thema die Rede war, im scherzhaften Ton, aber völlig ernst gemeint: Ich brauche keine Propheten, ich weiß selbst, was mir noch zusteht.

Jetzt las ich auch das Buch ‚Bayerische Hellseher'. Was ich bei all diesen Büchern vermisse, ist eine genaue Beschreibung, wie sich solche Gesichte zeigen. Ohne das verlieren solche Bücher sehr an Wert.

Die einzelnen Gesichte zeigen sich bei mir in keiner Reihenfolge und überschneiden sich zeitmäßig hundertfach. Sie betreffen meistens nur ein Thema, selten das ganze Leben einer Person. Ich sehe das ähnlich wie wenn ich in schneller Reihenfolge mehrere Filme sehen würde, dabei das, was ich nicht selbst erlebe, mehr oder weniger undeutlich, inzwischen meistens Radiomeldungen, Fernsehmeldungen, Leute, die das Ereignis erzählen oder wie ich selbst mit jemandem darüber rede. Eine Zeit mit wenig Ereignissen erscheint kürzer, eine mit vielen dagegen länger. Vom Zeitpunkt kann ich mir nur über die dabei anwesenden Personen, wie sie zu der Zeit aussehen, und zum Teil über Häuser, die oft erst gebaut werden müssen, verwendete Fahrzeuge, oder wenn jemand sagt: das kam erst zehn Jahre nach dem oder dem, das hat so lange gedauert, eine Vorstellung machen. So könnten leicht falsche Angaben über den Kriegsausbruch entstanden sein. Die Bezugspunkte sind selten richtig erfaßbar. Gesichte mit weniger Inhalt kann ich besser und richtiger behalten als wenn sich mehr auf einmal zeigt.

Vor allem sind kleinere Verwechslungen in der Reihenfolge möglich. Auf das, was ich sehe, konnte ich noch niemals Einfluß nehmen. Manchmal kann ich mir aus dem Geschauten kaum einen Reim machen, aus manchem erst zu einer späteren Zeit.

Nur sollte niemand so vermessen sein, Gesichte, die nicht klar erkannt werden konnten, so oder so zu deuten. Das könnte vielleicht bei Jeane Dixons Vorhersagen über den Konflikt auf unserer Erdhälfte zutreffen. Außer dem Krieg im und um das Mittelmeer und die Eroberung Südrußlands durch China stimmt nichts. Von Amerika sah ich bisher nur die Zerstörung New Yorks.

Über den Kriegsverlauf kann ich viel bessere Auskünfte geben, nicht aber, wie China hineingezogen wird. Es könnte eventuell auf fremdem Territorium Partei ergreifen. Vor dem Ausbruch des großen Krieges hält die Linke einen Siegeszug und es gibt Krieg im Osten Afrikas von Nord bis Süd. Als ‚Gottesgericht' wird das Platzen der Erdrinde in der westlichen CSSR bezeichnet. Den Waffenbeschreibungen nach könnte mit der Hilfe aus dem Süden oder Osten der Chinese gemeint sein. Deutscher Kaiser wird ein niederösterreichischer Bauer; er ist knapp etwas älter als unser derzeitiger Finanzminister. Über die Erneuerung und den Sieg der Kirche weiß ich auch manches. Es hier zu erklären, ist mir zu umfangreich und umständlich.

Bitte, senden Sie an Prof. Bender in Freiburg von allem eine Kopie.

18. 9.76

Sehr geehrter Herr Dr. Backmund!

Verbindlichen Dank für die prompte Antwort und für das Buch! Ich habe es bereits gelesen, hatte aber eine so aufschlußreiche unparteiische Einstellung seitens kirchlicher Stellen nicht erwartet. Meistens müssen meine Briefpartner auf Antwort warten, weil ich meinen Beruf ausübe.

Aus welchem Grund wurde in Ihrem Buch die Vorschau auf den kommenden Krieg weggelassen? Das interessiert mich sehr! Was Sie unter ‚völlig unkritisch' zu Friedls Buch meinen, kann ich leider nicht verstehen. Es sind jedenfalls verblüffend korrekte Aussagen. Auch alle mir bekannten Irlmaiers. Außer den vorkommenden Zeitbegriffen gibt es nichts, was meinen ‚Erfahrungen' widerspricht. Ich kenne keine der angeführten Vereinigungen, würde mich jedoch freuen, wenn ich Anschluß bekäme.

Ob unter dem großen Monarchen bzw. dem starken Helden, der aus dem Osten kommt usw., der kommende deutsche Kaiser oder der chinesische Führer gemeint ist, konnte ich noch nicht eindeutig herausfinden, weil ich diese Vorhersagen meist nur oberflächlich kenne.

Diese Zeit kenne ich, wie schon erwähnt, meist aus der Sicht wie ich sie selbst, mit dem eigenem Körper, erleben werde. Ich weiß deshalb genau, wie dieser Kampf endet, wie es nach dieser Katastrophe in Deutschland aussieht. Ich kämpfe da selbst auf Seite der Deutschen gegen die räuberischen Truppenreste und weiß, was mir alles zustößt. Die hartnäckigsten und verschlagensten sind die Ostdeutschen. Eine schwerwiegende Verletzung bekomme ich erst nachher.

Die Chinesen versuchen, die zurückweichenden Russen mit ihren Helfern in der CSSR in die Zange zu nehmen, die Russen wollen das verhindern. Der Westen ist zu der Zeit so desolat, daß er nicht einmal den schon fliehenden Russen Widerstand entgegensetzen kann. Das muß er mit dem Krieg in eigenen Landen teuer bezahlen. Es werden dann gehäuft A-Waffen eingesetzt, ganze Berge weggesprengt, um die anderen zu erschlagen. Da kommt es in der westlichen CSSR zum Platzen der Erdrinde. Der erste Auswurf wird bis zu hundert Kilometer oder weiter geschleudert. Dabei kommt es zu dem von Irlmaier vorausgesagten Phänomen mit dem ‚Gekreuzigten' (in Ihrem Buch Seite 46; im Buch ,Bayerische Hellseher' S. 150/51). Es ist der erste in der Stichflamme emporgeschleuderte, sich bewegende, Auswurf. Dieses Bild ist unverkennbar ähnlich! Die dabei ausgestoßenen Gase bewirken die Finsternis und die Atemkrämpfe der ungeschützten Lebewesen. Die Folgen sind verständlich. Es wird tatsächlich wärmer.

Wir benützen nie viel Kleidung. Es friert uns nicht dabei. Gekühlte Lebensmittel verderben wegen der Unterbrechung der Kühlung, Dosengläser halten nicht durch. Der erwähnte Krieg am Mittelmeer fand noch nicht statt. Er erfolgt im Gebiet Albanien – Türkei. Die Verlierer sind die östlichen Verbände.

Der Auswurf nimmt später das Bild eines alleinstehenden großen Birkenbaumes an. Das Verharren vor dem Wiederherunterfallen gleicht den Laubbüscheln. Auch ich sehe dieses Schauspiel, neben mir stehende Personen höre ich sagen: ,Wie ein Birkenbaum'. Beim Platzen der Erdrinde kommt es zu einem Weltbeben, bei dem fast alles zerfällt, was zerfallen kann. Alle nachher noch lebenden Menschen stehen vor dem Nichts. Da kommen sie zur Besinnung. Wer es bis dahin nicht gelernt hat, sich in einer solchen Lage mit eigenen Händen zu helfen, ist verloren.

Es ist leicht erklärbar, daß in einer solchen Situation eine Führungsperson auserkoren wird, deren Titel allerdings nicht einmal eine untergeordnete Rolle spielt und mit den Mätzchen des bekannten Monarchismus nichts gemein hat. Bei der besagten Krönung bin ich selbst dabei. Deshalb weiß ich auch, wer Deutscher Kaiser wird. Werde aber nie einen genaueren Kommentar geben. Drei Männer sitzen mit dem Rücken nach Süden an einer Wand, in der Mitte der, der Deutscher Kaiser wird, einer wird österreichischer, der andere, soviel ich mich erinnern kann, ungarischer. Daß dem soviel beigemessen wird, wundert mich."

Ob bei diesem Gesicht nicht doch der Wisssensstand des Sehers eine Rolle spielt, weil er nicht von Königen, sondern von dem erst im 19. Jahrhundert eingeführten deutschen und österreichischen Kaisertum spricht? Daß er nichts von Bayern sah, sondern nur von einem Deutschland, dem Österreich nicht angehört, machte mich skeptisch. Ein ungarischer Kaiser vollends ist Nonsens. Viel wahrscheinlicher ist, daß er jene drei Fürsten oder Könige sah, die über Bayern, Österreich und Ungarn herrschen.

„Die Prophetien haben sich erfüllt, die Kirchen und Sekten erkennen, daß sie eigentlich vom Gleichen, aber jede in ihrer eigenen Sprache gesprochen haben. Die Vereinigung erfolgt von selbst. – Die erneuerte Kirche – sie kommt wieder dem Ursprung näher, den Menschen fällt es nimmer schwer, zu glauben.

Johansson kannte damals schon die ganze Schuld der sowjetischen Führung, auch die der kommenden. Er rechnete in seiner Einfältigkeit die ganze Schuld der damaligen Führung an. In alten Prophezeiungen war man bei den Ausdrücken nicht einmal so wählerisch. Man sagte etwa: Den verfluchten Menschen wird gezeigt, daß es einen Gott gibt.

Professor Bender kenne ich nicht. Seine Stellungnahme im Buch ‚Bayrische Hellseher' widerspricht meinen diesbezüglichen Erfahrungen in den meisten Punkten. Darum wollte ich, daß er das erfährt. Das teilte ich auch schon Professor Resch, den ich ebenfalls nicht persönlich kenne, im letzten Schreiben mit. Leider habe ich keine Kopiermaschine, sonst hätte ich auch davon eine Kopie beigelegt. Frau Seeler aus Berlin, mit der ich wegen der Parallelen zu meinen Wahrnehmungen bezüglich der Parteiergreifung Chinas Kontakt aufnahm, bat mich darum.

Ich werde wahrscheinlich noch heuer oder Anfang nächsten Jahres nach Deutschland kommen. Es wäre schön, wenn wir uns dabei zu einem Gespräch treffen könnten. Aussagen Irlmaiers über den künftigen Krieg würden mich am meisten interessieren. "

Besuch des Bauern

Absichtlich habe ich mich jedes Kommentars zu diesen Briefen enthalten, obwohl ich gern bekannt hätte, daß mich die Schau der Erschießung der gefangen gehaltenen Geisel ungemein beeindruckt hat. Einzig zu der widersprüchlichen Kaiserdarstellung äußerte ich mich. Am 24. Juli 1977 nachmittags besuchte mich der „Bauer aus dem Waldviertel". Er unterhielt sich mit mir bis in die Dunkelheit hinein, übernachtete und fuhr erst am 25. Juli heim. Nun, ich hatte mir in ihm einen bejahrten Mann vorgestellt. Zu meiner Überraschung war der Seher erst 38 Jahre alt. Alles andere als ein Phantast war er, ein Landwirt wie gesagt, erfahren im Umgang mit Maschinen, ausgebildet in der bäuerlichen Buchführung, und mit Interesse sah er, wie hoch im Erdinger Holzland der Mais stand. Ein Realist also. Und realistisch war seine Schilderung, daß er gelegentlich, nicht häufig und am ehesten, wenn er völlig entspannt sei, im Stuhle sitzend oder auch nach dem Aufwachen im Bett, in hellwachem Zustand, bei geöffneten Augen, so etwas wie einen Film ablaufen sehe. In den Winkeln der Augen bleibe der Hintergrund des Zimmers erkennbar, vor dem, in der Mitte des Auges, das Geschehen abrolle. Er habe sich lange Zeit nicht sonderlich viel daraus gemacht, habe gemeint: „das ist halt so", und mit niemandem darüber gesprochen. Erst als er davon hörte, daß es Menschen mit dem Zweiten Gesicht gebe, habe er seinen Erscheinungen eine gewisse Bedeutung beigemessen. Was er sah, hielt er genau im Gedächtnis fest. So war er imstande, als er zum ersten Mal mit Büchern über diese Materie bekannt wurde, zu sagen: „Das oder das habe ich genauso gesehen, das oder das stimmt nicht." Am erstaunlichsten fand er in dem Buch über bayerische Hellseher die Aussagen des

Liedes der Linde. Vom Anfang bis zum Schluß sehe er das kommende Geschehen genauso.

Eine einleuchtende Erklärung gab er mir, als er über die Voraussetzung zur Präkognition sprach, nämlich das entspannte, gleichsam vegetative Leben, von dem Phänomen „déjà vu“, wie es der Franzose nennt. Je „offener und Empfänger“ (nach Rilke) ein Mensch lebt, umso leichter wird er der Gabe des „déjà vu“ teilhaftig, die nichts anderes ist als eine bescheidene Vorstufe der Gabe des Zweiten Gesichts, also nichts Übernatürliches.

Wenn die Realisation eintritt, erinnert man sich plötzlich, einen kurzen Augenblick lang, und ruft aus: „Das hast du schon einmal genau so erlebt! Ganz genau so!“ Dieses Gesicht ist aber nur die Erinnerung an eine seinerzeit nicht bewußt gewordene latente Vorausschau. Die Vorausschau hatte man gehabt, sie war aber bewußt nicht registriert worden, sonst hätte man es bemerkt. Die Vorausschau wurde unbewußt registriert. Und erst als sich das geschaute Geschehen mit dem realen Geschehen deckte, tauchte blitzschnell (um ebensoschnell wieder zu vergehen) das Gefühl auf: Das hast du schon einmal gesehen!

Der Bauer aus dem Waldviertel hatte freilich viel klarer gesehen. Allerdings kein Ereignis zweimal, wie er mir versicherte. Er schilderte mir mit unglaublicher Realistik, daß er den Einsturz der Reichsbrücke lange vorausgesehen habe. Vorausgesehen habe er auch die Ermordung Kennedys, noch ehe dieser Präsident war. In den Zeitungen war überall vom Wahlkampf in den USA die Rede. Der eine der beiden Kontrahenten war Kennedy. Der Bauer kannte ihn vom Bild. Auf einmal sah er sich im Hintergrund seiner dörflichen Gastwirtschaft an der Schenke stehen; am andern Ende der Gaststube lief der Fernsehapparat. Das Programm wurde unterbrochen durch die Mitteilung: Präsident Kennedy ist ermordet worden! Und nun tauchte das Bild Kennedys auf, der in allen Zeitungen als einer der Wahlkämpfer abkonterfeit war. Am nächsten Tag sagte er zu einem Bekannten, als sie die Zeitung vor sich liegen hatten: „Der da, der Kennedy, wird Präsident! Und ermordet wird er auch.“

Das Vorausgesicht traf ein. Im Gasthaus an der Schenke stehend erfuhr er aus dem Fernsehapparat die Ermordung Kennedys, unter genau den Umständen, die er vorausgesehen hatte.

Nicht minder plastisch beschrieb er mir die Zerstörung New Yorks. Er ergriff das Wachsmodel einer Marzipanform, das auf meinem Ulmer Schrank stand, und demonstrierte, als sei dieser hochformatige Körper ein Wolkenkratzer, wie die Gebäude Manhattans gleichsam von unten her zerrieben und immer kleiner werden, bis sie in sich zusammenfallen, und das Gebiet, auf dem sich die berühmte Skyline erhob, wieder ebene Erde sei. Er sah aber nicht nur den Untergang New Yorks, er sah sich mit anderen Dorfbewohnern zusammenstehen und das Ereignis kommentieren. Daß dies der Racheakt von Terroristen sei, hörte er sagen. Sicher, was die Amerikaner gemacht hätten, sei nicht schön gewesen. Daß man aber deswegen gleich eine ganze Stadt zerstöre, das gehe entschieden zu weit! So redeten die Leute.

Die Natur greift ein

Ein begrenzter Konflikt auf dem Balkan und die Zerstörung New Yorks, das sei der Anfang der kriegerischen Auseinandersetzungen, ohne nennenswerte Auswirkung noch auf Mitteleuropa. Als zweite Phase falle der kosmische Staub (“wie lauter Sterne“), der alles in Brand setze. Dann folge ein afrikanischer Krieg. Schließlich würden sich China und die UdSSR in Niederösterreich und Böhmen bekämpfen. Dem Einfluten sowjetischer Panzerverbände nach Österreich stellten sich chinesische Panzer entgegen. Erst als letzte Phase breche ein sowjetischer Angriff aber über den Westen herein, der berühmte Endkampf, der für den Osten ungut ausgehe, die Totalzerstörung aus Rache ("Wir schlagen hinter uns die Tür zu, daß die Erde widerhallt"), die Zündung von ungeheuren Bombenlagern in Böhmen und als Folge davon ein Erdriß. ("Die Natur greift ein.") Ob es die entweichenden Erdgase oder die zuletzt noch eingesetzten Neutronenbomben sind, ein „Vorhang" zwischen Linz, Prag und Stettin, der Nachschub und Fluchtweg abschneidet, die zu der Erscheinung führen, daß die Panzer noch fahren, aber diejenigen, die darinnen sitzen, schon tot sind, wußte der Seher nicht zu sagen. Jedenfalls ist „der Platz, an dem das Ereignis eintritt", dieser festen Überzeugung ist er, nicht in Bayern, sondern in Tschechien. Die Stadt, die im Schlamm versinkt, auch hier war er anderer Meinung als manche Deuter des Liedes von der Linde, sei nicht Marseille, sondern London. Der elektrische Strom falle schon in einem frühen Stadium der Kämpfe aus. Wichtig sei es, einen Bunker unter der Erde zu bauen und ihn mit Filtern gegen Staub und Gas auszurüsten. Man täte sich allerdings mit der Beschaffung solcher Filter schwer, weil die Bundesrepublik und Österreich immer noch glaubten, der ewige Friede sei sicher. Auch eine Brunnenwasserleitung im Bunker sei notwendig. Wer in unseren großstädtischen Hochhäusern, die im Glauben an den immerwährenden Frieden gebaut worden seien, fragte ich ihn, könne so, wie er es empfehle, vorsorgen? Keiner – war die Antwort. Und das sei ja die Tragödie.

Als ich den Besuch dieses Mannes im Nachhinein überdachte, fiel mir eine Stelle bei Goethe ein, und ich mußte in der Zwischenzeit öfter als einmal daran danken:

„Klüger und einsichtiger wird die Menschheit werden, aber besser, glücklicher und tatkräftiger nicht ... Ich sehe die Zeit kommen, wo Gott keine Freude mehr an ihr hat und er abermals alles zusammenschlagen muß zu einer verjüngten Schöpfung."

Ein Abend von Trostlosigkeit

Die Nationen der Welt sind geteilt in zwei Blöcke
– Gog und Magog –
doch die zwei Blöcke sind in Wirklichkeit ein Block
(der gegen das Lamm ist)
und vom Himmel wird Feuer fallen und sie verschlingen
Ernesto Cardenal

Zwei Jahre später meldete ich mich zu einem Besuch beim Seher aus dem Waldviertel an. Ich erhielt postwendend einen Brief, in dem er mir schrieb:

„Ihr Besuch würde mich sehr freuen. Die Nächtigung wird sich arrangieren lassen. Heuer bin ich mit der Zeit schon immer arg in Bedrängnis, sonst hätte ich mich schon einmal gemeldet. Zu Weihnachten kam Vaters Krebsleiden zum Ausbruch. Er war nachher die meiste Zeit in Wien zur Strahlenbehandlung. Am 27. Mai verstarb er an einem Kreislaufzusammenbruch (wie ich vorausgesagt hatte, bei frühsommerlichem schönem Wetter). Die zweite Schwierigkeit bescherte uns das Wetter. Wir wurden deswegen erst nach Mitte Mai mit dem Getreideanbau fertig. Die Pflegearbeiten verzögerten sich dementsprechend. Es war für alles etwa der dreifache Zeitaufwand erforderlich. Bei der Ernte wird es voraussichtlich ähnlich sein."

Dem Schreiben war ein Brief beigefügt, den der Seher „an eine Person gerichtet hatte, die und deren Leben mir von Gesichten her bekannt war. Ich wußte, daß ihr Vorhaben im Sande verlaufen würde und ließ das durchblicken. Sie reagierte wie zu erwarten nicht gerade erfreut. Ihre Eltern haben eine Landwirtschaft."

Auszug aus dem Brief vom 10. 6. 1979:

„Heute einmal etwas über das Wetter, bei dem ich das Außergewöhnliche im Groben meistens annähernd vorher weiß. Ich nehme an, Du wirst mir da nicht auch einen negativen Einfluß in die Schuhe schieben wollen.

Ich sah vor mehreren Jahren in einem Gesicht (in einem Augenblick, wie das immer ist) den Witterungsverlauf irgend eines Jahres und wie dieser uns zu schaffen machte. Die meisten Anzeichen sprechen für heuer. Das einzig Markante dabei: Wir haben auf einer bestimmten (nassen) Parzelle am Übungsplatz drei verschiedene Fruchtarten angebaut. Ich sagte mir damals: Unsinn, wir bauen doch immer nur eine Fruchtart auf einem Acker. Heuer trifft das aber wirklich zu. Wir hatten da Weizen gebaut – ein schlechtes Gefühl hatte ich gleich beim Anbau. Wir können am Übungsplatz wegen der Wildsäue nur den nicht so winterharten Granenweizen bauen – der großteils auswinterte. Ich wollte Hafer nachbauen, baute dann aber, weil es schon spät war, auf einem Teil Gerste nach.

Nach diesem Gesicht wäre es bei der Getreideernte sehr naß. Das Spätgebaute machte uns da besonders zu schaffen. Eine Redewendung daraus: ‚Zuerst konnten wir nicht rechtzeitig anbauen und jetzt nicht dreschen.' Diesem Einfluß trug ich bereits dadurch Rechnung, daß ich weit weniger Stickstoff streute. Auch dem trockenem Wetter bisher beugte ich mit einer äußerst tiefen Einsaat vor. Es wäre zu empfehlen: Streut auf die Kartoffel nicht zu viel Stickstoff, sonst faulen sie! Wenn man von einem Umstand weiß und darauf Bedacht nimmt, ist es meistens halb so schlimm."

Am 23. August 1979 um fünf Uhr nachmittags traf ich im Heimatdorf des Waldviertler Sehers ein. Die Landschaft war schon seit längerem karg gewesen und immer karger geworden, je näher ich meinem Ziel kam. Zuletzt noch durchquerte ich einen riesigen Truppenübungsplatz, der meinen Eindruck ins Trostlose steigerte. Auf Schotterwegen fuhr ich durch eine menschenleere Ödnis, deren einzige Abwechslung gelegentlich einige zu Ruinen zusammengeschossene landwirtschaftliche Bauwerke bildeten. Das Dorf, in dem ich dann eintraf, war in lang hingestreckten ebenerdigen Häusern zu beiden Seiten eines breiten Angers erbaut, der sich wie eine schnurgerade lange Straße zwischen den niedrigen Häuserreihen hinzog. Die Fassaden der Häuser, feingegliedert und gelegentlich mit zartem Stuck verziert, waren zum Teil abgeschlagen und mit modernen Kippfenstern verschandelt; es tat den Augen weh. An die Rückseiten der straßenwärtigen Fassadenbauten, die übrigens ohne Zwischenräume aneinandergefügt waren, schlossen sich die landwirtschaftlichen Gebäude an; Vierseithof stand neben Vierseithof. Andere als landwirtschaftliche Anwesen gab es nicht. Große Bauern waren es allesamt; mein Gastgeber bewirtschaftete allein (buchstäblich allein, denn er war unverheiratet und hauste mit seiner alten Mutter in dem großen Gebäude) 53 Hektar Ackergrund. Er schob mit seinem Traktor gerade einen Anhänger voll gedroschenem Roggen unter ein Dach, als ich in den Hof trat.

Der Funkenregen

Rings um das Dorf lief er an diesem Abend mit mir herum – der Wind blies über die Hochebene, auf der wir standen – er deutete in verschiedene Richtungen der weiten traurigen Landschaft und schilderte mir das kommende Weltgeschehen. Oft kam er auf die Gesichte Pfarrer Handwerchers zu sprechen, die er erst in diesem Frühjahr kennengelernt hatte. Besonders beeindruckt zeigte er sich von der Stelle, an der Handwercher schildert, auf welche Weise ihn die Gesichte überkamen: „Kaum betrat ich meine Kammer, als ein Schlummer auf der Stelle mir verschloß des Leibes Augen; doch des Geistes Aug sah helle. Klarer als die Sinne sehen, schaut ich im inwendigen Lichte ...“ Der Seher ergänzte: „Man sieht noch klarer. Dafür Dinge, die wegen ihrer Dimension oder Geschwindigkeit vom Auge nicht erfaßt werden können!"

„Am hellichten Tag fällt der Funkenregen", wiederholte er, was er mir vor zwei Jahren schon einmal erzählt hatte. Er führte mich über die Dorfstraße in den Hof seiner Schwester, stellte sich unter das Vordach des Stalls, hinter dessen abendlich erleuchteten Fenstern gerade gemolken wurde und hin und wieder eine Kuh friedlich muhte. Er deutete zum verhangenen Himmel hinauf.

„Der Funkenregen fällt und fällt, alles Gras und alle Gebäude und alle Hütten und was nur immer brennen kann, das brennt." Er nehme unter diesem Vordach Schutz, erzählte er. Und nun kam er wieder auf das Gesicht Pfarrer Handwerchers zu sprechen, das dem seinen so auffallend glich: „Aber in derselben Stunde ... ward ein schrecklich Feuerzeichen an dem Firmament gesehen ... Lange sah man diesen Balken waagerecht am Himmel glühen und die Geißel hochgeschwungen Feuerfunken niedersprühen."

„Vergleichen Sie mein Gesicht", rief er immer wieder, „vergleichen Sie mein Gesicht!"

Der Bunkerbau

Seine Maschinenhalle, zu der wir anschließend hinübergingen, habe er deswegen auf massiven Betonpfeilern und aus Blech errichtet. Und er zeigte mir hinter der Ausfahrt der Maschinenhalle, wo noch das gedroschene Roggenstroh lag, den schwachen Hügel, in den er den Bunker eingraben werde. „Nur die paar Leute, die in diesem Bunker sitzen, überleben. Und außerdem noch eine Handvoll Einwohner, die sich in einen Hohlweg am anderen Ende des Dorfes verkriechen. Sonst kommt alles um." Und schuld sei die schwefelgelbe Glut, die über dem südwestlichen Böhmen aufsteige. Er deute es als Explosion von Neutronenbomben. Am vernichtendsten wirken sich aber die Giftgase aus, die durch eine ungeheuerliche Eruption südlich von Prag frei werden. Er könne sich das, was er erblicke, nur als einen Riß der Erdrinde erklären. Er sehe ein grelles Blitzen. Dann fallen Tausende von Teilen aus den Höhen, in die sie hinaufgeschleudert worden waren, zurück auf die Erde, daß es aussieht wie die niederhängenden Zweige eines gewaltigen Birkenbaums. Die Erschütterung sei so stark, daß die Erde unvorstellbar bebe. „Einen Tag lang zittert und bebt die Erde. Man bilde sich nicht ein, daß irgend etwas stehen bleibt. Das Beben setzt spät am Abend ein und dauert bis zum nächsten Tag." Das diffuse Licht, das sich dann verbreite, und die Vergiftung der Atmosphäre hielten bedeutend länger als nur drei Tage lang an. Wer nach fünf oder sechs Tagen sein Versteck verlasse, trage noch immer bleibende Schäden davon. Vielleicht aber rühre die besonders lange Dauer der Vergiftung seiner engeren Heimat daher, daß die tödlichen Wolken nach Osten abgetrieben werden.

Ein beklemmendes Gefühl bemächtigte sich meiner, als ich diesen Bauern, der noch jung war und seinen Mann stand als Großlandwirt in unserer nüchternen Zeit, vom Ende der Welt reden hörte. Er zeigte mit ausgestreckten Armen auf die fernen Konturen der böhmischen Wälder und erzählte vom dritten Weltkrieg. Er erläuterte noch einmal seine Einzelgesichte, konnte sich aber, wie er betonte, für die Reihenfolge, in der sie eintreten, nicht verbürgen.

Er sah mehrere örtlich begrenzte Einzelkriege und kriegerische Einzelhandlungen, zum Beispiel in Jugoslawien und Bulgarien oder die schon erwähnte Zerstörung New Yorks. Er sah einen Bürgerkrieg in Italien und in der Bundesrepublik, östlich vom Rhein. Auf dem Höhepunkt der italienischen Wirren marschiere der Russe durch Kärnten nach Italien. Der Amerikaner mische sich, wider Erwarten, nicht ein. Der „totale Krieg", mit amerikanischer Beteiligung, finde erst in Saudi-Arabien statt, wo die Amerikaner in das Ölgebiet einfielen; jedoch zögen sie den kürzeren. Der Russe siege. Polen stehe gegen den Russen auf, werde Verbündeter des Westens. Der Russe sickere in Blitzaktionen in die Bundesrepublik ein.

Eine Einzelvision schilderte er mir sodann: Er sah Panzer mit flachen Kuppeln. Und er sah Kettenfahrzeuge, auf denen Mittelstreckenraketen montiert waren. Sie wurden südwestlich seiner Heimat stationiert, gegen Zwettl und Großgerungs hin.

Bei ihrem Durchmarsch nach Jugoslawien durchquerten die Russen auch das Waldviertel.

Erst wenn China eingreife, erzählte der Bauer sodann ferner, weite sich der Krieg auf die Bundesrepublik aus, insbesondere auf Bayern. China komme mit Panzern in den Westen. Der Chinese helfe zum Westen. Doch sei man darüber hierzulande nicht eben erfreut. (Man fürchtet eine Art Danaergeschenk. Anmerkung des Verfassers) Dieser letzte Abschnitt des fürchterlichen Kriegs dauere nur wenige Tage.

Durchzug der Panzer

Eine Einzelvision: Er sah merkwürdige Raumschiffe, ein Mittelding aus Flugzeug und Rakete. Sie sind computergesteuert, fliegen ohne Piloten. Solche Flugzeuge – darüber unterhalten sich die Dorfburschen – können nicht schaden, wenn man auf der Straße steht, denn „sie sehen einen nicht".

Die deutsche Bundeswehr, sagte der Seher weiter, entwickle eine Waffe, mit der solche Flugzeuge abgeschossen werden können. Im letzten Kriegsabsschnitt falle eine Atombombe in die Adria und eine in die Nordsee. Diese sei gegen London gerichtet. Das Meer, das bis zu 80 Meter hoch austrete, verursache riesige Überschwemmungen. Nach den gewaltigen Explosionen in Südböhmen (wahrscheinlich eine Verzweiflungs- und Rachetat der fliehenden Ostverbände, die zum Platzen der Erdrinde führt) – nahezu niemand überlebe in seiner Heimat – breche der letzte Abschnitt der Apokalypse an. Das Ruhrgebiet, in dem noch mehr Menschen am Leben seien als in seiner eigenen Heimat, gleiche einer Ruinenlandschaft. Wörtlich sagt der Seher: „Es ist kein Verlaß auf die Amerikaner, nur noch auf die Chinesen."

Es gebe keine Abneigung gegen die Chinesen, aber einen unbeschreiblichen Haß gegen die Russen. Er sehe sich selbst mitkämpfen. Die letzten Eindringlinge werden alle umgebracht. „Alle umgebracht!" wiederholte er mehrere Male. Die Bevölkerung sei bis zur Mordlust erregt.

Dann hatte er ein letztes Gesicht: Er sah sich am Rand einer Ortschaft, auf deren Ortsschild stand: Boltawa oder Bultava oder Bultawia. Ganz genau konnte er es nicht lesen. Sie kamen durch ein großes Sumpfgebiet, und erreichten dann den Rand dieser Ortschaft. Seine Begleiter wollten ihn überreden, in diese Ortschaft (oder Stadt) hineinzugehen. Er aber weigerte sich und sagte immer wieder: „Nein, da gehe ich nicht hinein!"

Später suchte er auf der Landkarte nach und fand diese Stadt nordöstlich der Halbinsel Krim.

Ich gebe zu, daß ich, je länger der Waldviertler Bauer erzählte, immer skeptischer wurde.

Abends noch, als ich schon in der Tür zum Schlafzimmer stand – es war das elterliche Schlafzimmer, das mir für diese Nacht eingeräumt worden war – erzählte er, daß er sich voriges Jahr eine Reise nach London geleistet habe. Und zwar wollte er die Stadt sehen, die nach seinen Gesichten im Meer versinkt. Dann erzählte er mir eine Begebenheit, die ich als erstaunliche Parallele zum Brand des Wiener Justizpalastes und zur Flucht sämtlicher in seinen Zinnen und Schnörkeln nistenden Tauben empfand. Wenn nämlich die in Scharen den Londoner Tower umkreisenden Raben (der Seher sagte gut bairisch: D'Krah') einmal auf Nimmerwiederkommen verschwänden, stehe der Untergang Londons bevor. Die Museumsführerin im Tower erwähnte diese Volksmeinung und machte sich darüber lustig. „Lach du nur", dachte bei sich der Seher, „hoffentlich wird dir dein Lachen nicht eines Tages vergehen!"

Auch am andern Morgen erzählte der junge Bauer ohne Unterbrechung von seinen Gesichten. Er schien überhaupt keinen anderen Gesprächsstoff zu kennen. So unangenehm und lästig, ja bedrückend ich das empfand, es stärkte meinen Glauben an die Echtheit seiner Vorausgesichte. Nur einer, den ein Leiden bis zur heftigsten Qual erfaßt hat, ist gezwungen, ohne Unterlaß daran zu denken und andere an diesen Gedanken teilnehmen zu lassen.

Immer wieder betonte er, daß der Eingriff der Natur weit verheerender sei als das Kampfgeschehen: der Funkenregen, der vielleicht vom Eintritt eines Planeten (des Halleyschen?) in die Erdatmosphäre herrühre, und das Platzen der Erdrinde.

Froh war ich, als ich an dem regnerischen Morgen des nächsten Tages meinen Koffer packen und „das Weite suchen" konnte. Froh war ich, diesen Finsternissen entronnen zu sein, als ich gegen Krems zu in fröhlichere Zonen, in liebliche Weinbaugebiete, entwich. Und doch hatte ich das Gefühl, daß ich wohl seinen Worten, aber keineswegs den Ereignissen entrinnen konnte, die irgendwann einmal, wer weiß, vielleicht bald schon, Wirklichkeit werden würden. Es kann ja sein, daß die Weichen, auf denen der Zug der Menschheit in den Abgrund rollt, längst gestellt sind.

Rückschau

Der Seher aus dem Waldviertel benützt Maschinen, einen ganzen Maschinenpark sogar! Und ich fahre zu ihm in einem Automobil. Dennoch gelingt es ihm allmählich, mich davon zu überzeugen, daß diese Requisiten des Wohlstands eines Tages, eines baldigen Tages vielleicht, Vergangenheit sein werden. Der Optimismus eines Zeitalters, das auf totales Fernsehen und totalen Autoverkehr baut, wird nach den Worten des Waldviertler Sehers zuschanden an dem was kommt. Am eindringlichsten beschreibt aber dies in seiner Auslegung der Apokalypse der nicaraguanische Dichter Ernesto Cardenal, der wahrscheinlich kein Seher ist, sondern nur seine fünf Sinne beisammen hat, also mit ganz gewöhnlichen Augen in die Welt schaut:

„und auf die Erde fielen alle künstlichen Planeten
und der Präsident des Nationalrats für Strahlung
der Direktor der Kommission für Atomenergie
der Verteidigungsminister
alle hatten sich in ihren Höhlen versteckt
und der erste Engel blies die Alarmsirene
und es regnete vom Himmel Stronzium 90
Cesium 137
Kohle 14
und der zweite Engel blies die Sirene
und jedes Trommelfell platzte im Umkreis von
300 Meilen durch das Krachen der Explosion
und jede Netzhaut verbrannte auf die das Licht
der Explosion
gefallen war
im Umkreis von 300 Meilen
und die Hitze im Zentrum war wie die der Sonne
und der Stahl das Eisen das Glas der Beton verdampften
und fielen nieder verwandelt in radioaktiven Regen“

Man kann sich nur wünschen, daß Gottes Warnungen gehört werden. Allzuvieles deutet darauf hin, daß die Menschheit, vor allem in Westeuropa, nicht am wenigsten in der Bundesrepublik, dem Untergang „geweiht“ ist. Reif ist sie dafür. In seinem Fastenhirtenbrief 1980 – einem, wenn nicht alles trügt, sehr späten Fastenhirtenbrief – schreibt Joseph Cardinal Ratzinger:

„Wichtig ist nun die Feststellung, daß die fortschreitende Abwendung von der Ehe zeitlich Hand in Hand ging mit dem sogenannten Pillenknick, das heißt mit der Abwendung von der Mehrkinderfamilie. Hier wird der unlösliche innere Zusammenhang zwischen Ehe und Familie auch statistisch sichtbar: In dem Augenblick, in dem die Familie nicht mehr wünschbar erscheint, verliert auch die Ehe zusehends an Bedeutung. In dem Augenblick, in dem das Sexuelle völlig losgetrennt wird von der Fruchtbarkeit, droht es sich auch aus dem geistigen Zusammenhang der Liebe von Mann und Frau und der mit ihr wesentlich verbundenen Gemeinschaft der Treue zu lösen. Bestimmte Teile der Wirtschaft haben in den letzten Jahrzehnten immer mehr die Sexualität des Menschen als Möglichkeit für ihr Geschäft entdeckt und beuten sie nun immer rücksichtsloser als Marktobjekt aus. So gibt es heute Läden, in denen man sie als Ware kaufen kann. Die stärkste Macht solcher Berechnungen ist die Schwachheit des Menschen, seine Versuchlichkeit. Sie wird mit wissenschaftlicher Genauigkeit durchleuchtet und zum Hebel des Kauferfolgs. Aber der Mensch darf natürlich nicht wissen, daß er als gewinnträchtiges Objekt mißbraucht wird. Deshalb muß ihm eingeredet werden, daß die Entwürdigung seines Körpers zu Werbung und Ware in Wirklichkeit seine Befreiung bedeute. Die Gier nach Geld zieht eine ganze Weltanschauung nach sich, deren Ähnlichkeit mit der Philosophie der Schlange im Paradies frappierend ist.“

Aber der Erzbischof ist nicht blind auf dem „linken“

Auge. Weiter sagt er: „Vom scheinbar entgegengesetzten Ende her hat die Ideologie der Weltrevolution zu der gleichen Waffe gegriffen: Auch sie verheißt dem Menschen von der sexuellen Revolution her die Befreiung; auch sie benützt die Schwachheit des Menschen als Waffe in der Entwurzelung von Mensch und Gesellschaft."

Gog und Magog. Die zwei Blöcke sind in Wahrheit ein Block. Und sie werden einander, also sich selbst vernichten. Und der Materialismus wird seine Anhänger, seien es westliche oder östliche, in den ewigen Tod mitreißen.

In der Münchner Boulevardzeitung *tz* war am 16. Juli 1979 in einem Leitartikel zu lesen:

„Stauungen von 15 Kilometern Länge um 3 Uhr nachts! Stehender Verkehr zwischen Würzburg und Salzburg – der große Treck von Nord nach Süd quälte sich am Wochenende wieder über Bayerns Autobahnen. Diesen alljährlichen Ferien-Katastrophen wäre wohl selbst mit zehnspurigen Fahrbahnen nicht beizukommen."

Dann liest man in der richtigen Einstimmung, was Cardenal schreibt: „rund 3 Millionen Autos und Lastwagen flogen durch die Lüfte."

Cardenal hört den dritten Engel die Alarmsirene blasen und sieht einen Pilz über New York und einen Pilz über Moskau und einen Pilz über London und einen Pilz über Peking.

„Und alle Geschäfte und alle Museen und Bibliotheken
und alle Schönheit der Erde
verdampften
und sie waren von da an Teil der Wolke aus radioaktiven Partikeln
die über dem Planeten schwebte und ihn vergiftete
und der radioaktive Regen brachte einigen Leukämie
und anderen Lungenkrebs
und Knochenkrebs
und Unterleibskrebs

und die Kinder wurden geboren mit grauem Star in den Augen
und die Gene waren geschädigt für 22 Generationen
– und das war der 45-Minuten-Krieg – "

Cardenal erteilt den großen Geschäftemachern unserer Zeit eine bittere Lehre, wenn er schreibt:

„Und es sprach der Engel: Kannst du sehen wo Columbus Circle war?
Und das Gebäude der Vereinten Nationen?
Und wo Columbus Circle war
sah ich nur eine Grube so groß wie ein 50stöckiges Haus und wo das Gebäude der Vereinten Nationen war sah ich nur einen grauen Abhang bedeckt mit Moos und mit Entendreck"

Und wenn er schließlich das Folgende sagt, soll man Genugtuung darüber empfinden, weil die Bäume des Fortschritts nicht in den Himmel wachsen? Weil mit den „Machern" endlich gemacht wird, was sie verdienen? (Verdienen sie es wirklich?)

„Und der Engel gab mir einen Scheck der National City Bank
und er sprach zu mir: Löse diesen Scheck ein
und keine Bank löste ihn ein weil alle Banken bankrott gemacht hatten
Die Wolkenkratzer schienen nie dagewesen zu sein."

Nachwort

Die ganze Geschwindigkeit und Brisanz der Entwicklung zum Untergang läßt uns erstmals daran zweifeln, ob es, wenn die Heftigkeit der kriegerischen Auseinandersetzung des Menschen mit der Natur anhält, noch eines Krieges zwischen Menschen bedarf, um die Erde unbewohnbar zu machen.

Wir werden Zeugen einer endzeitlichen Auseinandersetzung, die nach dem Wort Goethes Gott herausfordern kann, „alles zusammenzuschlagen zu einer verjüngten Schöpfung". Das Werkzeug, dessen er sich dabei bedient, soll, nach den Worten der Seher, „aus dem Osten kommen". In diesem Sinn kann die Apokalypse Hoffnung sein. Und in diesem Sinne sind auch die Zerstörer im Westen, die das Gericht erzwingen, keineswegs das Böse selbst, sondern allenfalls in der fürchterlichen Lage, aus den angestauten Notwendigkeiten der hohen Zeit nur den aberwitzigen Ausweg zu wissen, das Böse mit Bösem zu vertreiben. Die Wirklichkeit – allein des Waldsterbens – ist grauenvoll. Und die Zukunft wäre ohne Hoffnung, wenn Gott den Menschen weiter walten ließe, bis er die Erde unbewohnbar gemacht haben wird. Hielte Gottes Langmut an, wäre bald nicht nur ein Drittel der Menschheit dahingerafft (wie uns für das Strafgericht vorhergesagt wird), sondern das irdische Leben selbst ausgelöscht. Manche politischen Naturschützer meinen, daß mit Ungläubigkeit etwas gegen das Übel auszurichten sei, vergessen aber, daß die Zerstörung der Welt Folge des Abfalls des Menschen von Gott, nicht Folge der Unterwerfung des Menschen unter Gott ist. Den Spielraum seiner Freiheit hat der homo sapiens durch die Abwendung vom Schöpfer und den Mißbrauch der Natur überschritten, so daß ein Eingreifen von oben vielleicht schon unvermeidbar geworden ist. Von sich aus scheint er jedenfalls eine Umkehr nicht mehr vollziehen zu können.

An Kardinal Ratzingers Wort auf dem Münchner Katholikentag 1984 sollte man denken: „Wir sind nah beim Kreuz."

Wenn man sich die Folgen unserer wirtschaftlichen Entwicklung für Menschheit und Umwelt vor Augen hält, wenn man bedenkt, daß die Betonierung der Natur sich immer tiefer ins Land frißt, daß die Müll- und Abfallhalden wachsen, daß die Autos die Straßen blockieren, die Treibstoffe den Himmel vernebeln, daß die Selbstüberschätzung des Menschen als „Krone der Schöpfung" Lebensgemeinschaften von Tieren und Pflanzen rücksichtslos zermalmt und die noch freilebenden Tiere vernichtet, wird begreiflich, daß auch der Terrorismus seine Wurzeln hat, nach dem Gesetz, daß „Böses Böses muß gebären".

Fünfzig Jahre nach dem ersten warnenden Aufruf des Bundes Naturschutz in Bayern von 1935 verabschieden sich dreiviertel der Fische und der Kriechtiere, über die Hälfte der Völker der Säugetiere und Schmetterlinge und mehr als ein Drittel aller Farn- und Blütenpflanzen für immer. Aus den überproduzierten Lebensmittelbergen aber soll künftig Biosprit gebrannt werden! Das heißt: Leben soll in Motoren geschüttet und zum Spazierenfahren verheizt werden.

Wenn man weiß, daß ein einziges Autobahn-"Kleeblatt" die Erdoberfläche verschlingt, auf der die gesamte Salzburger Altstadt steht, daß in der durch die Maschine gewonnenen Freizeit Hunderte von Kilometern zurückgelegt werden, um zum Surfen zu kommen, daß ein Düsenflugzeug, das keine Landeerlaubnis erhält und nur drei Kreise zieht, für nichts vierhundert Kilometer zurücklegt, Tausende Liter Treibstoff in die Luft pufft und einen ohrenbetäubenden Lärmteppich hinter sich herschleppt, dann genügt es nicht mehr, von einer Vernichtung durch den prometheischen Herrn Jedermann zu sprechen: Hier ist das Wort satanisch angemessen.

Wenn einer überdimensionierten Bauindustrie zum kurzfristigen Überleben ganze Landstriche zum Fraß vorgeworfen werden müssen, wenn ihr zuliebe Großflughäfen, Großkanäle, Autofabriken, Autobahnen – diese Kreuzzüge gegen die Schöpfung –, Atomkraftwerke und atomare Wiederaufbereitungsanlagen mit Fiebereifer aus dem Boden gestampft werden müssen, so nenne man das fürder nicht mehr Arbeitsbeschaffung, sondern Todesbeschaffung!

Fünfzigtausend Hektar Heimat seien der Preis für den Fortschritt von 1985, sagten Politiker kaltschnäuzig. Warum auch der unheiligen Dreieinigkeit Profitgier, Wachstumsrausch und Fortschrittswahn den Glauben aufkündigen?? Da faseln die Verantwortlichen von der einzigen Wahl zwischen Industrie und Utopie, da vergessen sogar Parteien, die ein C (wie Christus) im Namen haben, die eschatologische Wahrheit, daß die Agonie des Bodens, des Wassers, der Wälder und der Arten nicht mehr gottgefällig sein kann. Da treiben aber auch Arbeitnehmerorganisationen die Arbeitgeber mit ihren Forderungen nach vollem Lohnausgleich für die geringfügigste Wachstumseinbuße (den Gedanken an einen Ausstieg aus der Industriegesellschaft wagt ohnehin kein Mensch mehr) zu immer sinnloserem „Schneller, höher, mehr!“, statt sich damit abzufinden, daß die Zukunft in der Beschränkung liegt. Weiter denn je sind wir in einer Zeit, deren Wahlspruch „Non serviam“ (ich will nicht dienen) heißt, von Bescheidung entfernt. Es gibt keine Umkehr mehr. Die Fortschrittsmaschinerie hat sich verselbständigt und der Kontrolle durch den Menschen entzogen. Ein Mächtigerer wird den überhandgenommenen Unflat von der Erde entfernen müssen. Sind wir nicht auch auf diese Weise „zur Hoffnung verdammt“?

1980, im Marienmonat Mai

Schrifttum

Beda, Anton: Spuk im Chiemgau, Wien, 1977

Bekh, Wolfgang Johannes: Bayerische Hellseher, Pfaffenhofen, 1976, 77, 78, 79

Cardenal, Ernesto: Gedichte, Wuppertal, 1978

Ellerhorst, Winfried: Prophezeiungen über das Schicksal Europas, München, 1951

Gunter, Max: Die Voraussagen des blinden Jünglings, München, 1950

Haller, Reinhard: Der Starnberger, Stormberger, Sturmberger. Propheten und Prophezeiungen im Bayerischen Wald, Grafenau, 1976

Holzhauser, Bartholomäus: Auslegung der Apokalypse und zehn Gesichte, Wien, 1972

Honert, Wilhelm: Prophetenstimmen. Die zukünftigen Schicksale der Kirche Christi im Lichte der Weissagungen, Regensburg, 1922

Kirmayer, Antonius: Die Prophezeiungen des Waldpropheten „Mühlhiasl“, auch „Stormberger“ genannt, Passau, 1949

Lama, Friedrich Ritter von: Prophetien über die Zukunft des Abendlandes, Wiesbaden, 1953

Pracher, Peter: Der jüngste Tag. Voraussagen über das Ende der Welt. Wien, München, 1979

Retlaw, Erich: Prophezeiungen über den Ausbruch und Verlauf des 3. Weltkrieges, Murnau, 1961

Silver, Jules: Prophezeiungen bis zur Schwelle des 3. Jahrtausends Genf, 1975

Stocker, Josef: Der dritte Weltkrieg und was danach kommt, Wien, 1978

Stocker, Josef: Prophetenworte über die Zukunft der Menschheit. Eine Textsammlung, Bd. 2, Wien, 1978

Stockert, Josef: Der mahnende Finger Gottes im Zeichen von Rauch und Feuerflammen, München, 1969

Truelle: Das Buch der Wahr- und Weissagungen, Regensburg, 1850

Weigl, A. M.: Blicke in die Zukunft von Segenspfarrer Handwercher, Altötting, 1973
White, John Wesley: Der dritte Weltkrieg. Das Ende wirft seine Schatten voraus. Wetzlar, 1977

Vom selben Autor

Wolfgang Johannes Bekh
Therese von Konnersreuth
oder ***die Herausforderung Satans***
1998. 494 Seiten, Festeinband.
ISBN 3-517-07988-X

Ein exemplarisches Lebensbild von der mystischen Macht und der heutigen Kraft des Christentums

Das Leben der stigmatisierten Therese Neumann (1898-1962), weltberühmt geworden unter dem Namen Therese von Konnersreuth, bleibt auch heute noch voller Geheimnisse. Dieses Buch läßt den Leser erahnen, was der Verstand verneint und was die Vernunft nicht begreift. Und doch ist die Geschichte dieses Lebens historische Wirklichkeit. Der Autor ***Wolfgang Johannes Bekh*** wurde 1925 in München geboren. Nach Beendigung der Schule besuchte er eine Schauspielschule und absolvierte ein Studium an den Universitäten München und Tübingen. Anschließend arbeitete er als Schauspieler und später als Redakteur für den Bayerischen Rundfunk. Er hat zahlreiche Bücher zu unterschiedlichsten Themen mit Schwerpunkt auf Bayern und bedeutende bayerische Persönlichkeiten publiziert. Der Autor erhielt bereits Ehrungen und mehrere Preise.

Heute lebt Bekh in Süddeutschland.

CORMORAN VERLAG

Was man über Bayern wissen sollte

Benno Hubensteiner
Bayerische Geschichte
1999. 566 Seiten, mit zahlreichen Bildtafeln.
Gebunden mit Schutzumschlag.
ISBN 3-7787-3789-9

Benno Hubensteiner versteht Kulturgeschichte und politische Geschichte als untrennbaren Zusammenhang, wodurch sein Buch den Charakter einer Geschichte der bayerischen Kulturleistung generell hat. Daß eine moderne bayerische Geschichte nicht nur Fürsten, sondern gerade Volksgeschichte ist, daß sie keine dürre Aufzählung von Jahreszahlen sein darf, sondern die bayerische Vergangenheit mit Leben und Farbe erfüllt, beweist der Autor mit diesem anschaulichen und unterhaltsamen Werk.

Benno Hubensteiner, Jahrgang 1924, war nach dem Geschichtsstudium im München mehrere Jahre Redakteur beim Bayerischen Rundfunk, Direktor des III. Fernsehens und Professor für Geschichte und Kunstgeschichte in Passau. Bis zu seinem Tod 1985 war er Ordinarius für bayerische Kirschengeschichte an der Universität München.

W. LUDWIG BUCHVERLAG GmbH